Selbstporträt Che Guevara

ERNESTO CHE GUEVARA

Selbstporträt
Che Guevara

ERNESTO CHE GUEVARA

Herausgegeben von Víctor Casaus
Aus dem Englischen von
Hans-Joachim Hartstein

Kiepenheuer & Witsch

Titel der Originalausgabe: Selfportrait Che Guevara
© 2004 by Ocean Press
© 2004 by Che Guevara Studies Center and Aleida March
All Photographs: Copyright © Che Guevara Studies Center and Aleida March

Aus dem Englischen von Hans-Joachim Hartstein

1. Auflage 2005

Umschlaggestaltung: Rudolf Linn, Köln, nach einer Idee von smaybe, Australien
Umschlagfoto: © Ocean Press/Che Guevara Studies Center
Gesetzt aus der DIN, der FfuMoDon, der Hoefler Text und der MrsEaves
Satz und Reproarbeiten: Grafik & Sound, Köln
Druck und Bindearbeiten: MOHN Media • Mohndruck GmbH, Gütersloh
ISBN 3-462-03600-9

Ernesto Che Guevara

Ernesto Guevara de la Serna, laut *Time Magazine* eine der »Ikonen des Jahrhunderts«, wurde am 14. Juni 1928 in Rosario, Argentinien geboren. Während seines Medizinstudiums in Buenos Aires sowie unmittelbar danach unternahm er mehrere Reisen durch Lateinamerika, darunter 1952 die mit Alberto Granado auf der launischen »Norton«, dem Motorrad, das in dem Reisetagebuch *The Motorcycle Diaries* beschrieben wird.

Im Jahre 1954, als er in Guatemala lebte und bereits begann, sich in die Politik einzumischen, wurde die gewählte Regierung von Jakob Arbenz durch einen vom CIA organisierten Militärputsch gestürzt. Ernesto, politisch radikalisiert, floh nach Mexiko.

Guevara nahm Kontakte, die er in Guatemala geknüpft hatte, wieder auf und setzte sich mit der Gruppe kubanischer Revolutionäre in Verbindung, die in Mexiko City im Exil lebten. Im Juli 1955 begegnete er Fidel Castro und trat sogleich der Guerillaorganisation zum Sturz des kubanischen Diktators Fulgencio Batista bei. Die Kubaner gaben ihm den Decknamen »Che«, eine in Argentinien übliche Form der Anrede.

Am 25. November 1956 brach er an Bord der »Granma« nach Kuba auf, als Arzt der Guerilleros, die den bewaffneten Kampf in der Sierra Maestra begannen. Nach wenigen Monaten wurde er Erster Kommandeur der Revolutionsarmee, versorgte jedoch auch weiterhin verwundete Guerillakämpfer und gefangene Soldaten der Batista-Armee.

Im September 1958 spielte Guevara eine entscheidende Rolle beim militärischen Sieg über Batista, nachdem er und Camilo Cienfuegos auf getrennten Wegen ihre Kolonnen von der Sierra Maestra aus nach Westen geführt hatten.

Nach Batistas Flucht aus Kuba am 1. Januar 1959 nahm Guevara eine Schlüsselposition in der neuen Revolutionsregierung ein, zuerst als Leiter der Industrieabteilung des INRA, des nationalen Agrarreform-Instituts, dann als Präsident der Nationalbank. Im Februar 1961 wurde er zum Industrieminister ernannt. Darüber hinaus war er eine zentrale Figur in der politischen Organisation, die 1965 die Kommunistische Partei Kubas gründete.

Abgesehen von diesen Funktionen, vertrat Guevara die kubanische Revolutionsregierung in der ganzen Welt; er leitete zahlreiche Delegationen und sprach vor den Vereinten Nationen und anderen internationalen Foren in Asien, Afrika, Lateinamerika und den sozialistischen Blockstaaten. Er gewann Ansehen als leidenschaftlicher und redegewandter Wortführer der Völker der Dritten Welt; besonders berühmt wurde seine Rede, die er auf der Konferenz in Punta del Este in Uruguay hielt und in der er die »Allianz des Fortschritts« von US-Präsident Kennedy verurteilte.

Wie seit seinem Eintritt in die Kubanische Revolutionsbewegung beabsichtigt, verließ Guevara Kuba im April 1965, zunächst um eine Guerillamission zur Unterstützung des revolutionären Kampfes im Kongo zu leiten. Im Dezember 1965 kehrte er heimlich nach Kuba zurück und bereitete einen weiteren Guerillaeinsatz vor, diesmal in Bolivien. Bei seiner Ankunft in Bolivien im November 1966 war es Guevaras Plan, die Militärdiktatur des Landes zu stürzen und, wenn möglich, eine Revolutionsbewegung anzustoßen, die sich über den gesamten lateinamerikanischen Kontinent ausbreiten sollte. Am 8. Oktober 1967 wurde er im Kampf gegen die von den USA ausgebildeten und geführten bolivianischen Antiterror-Einheiten verwundet, gefangen genommen und nach La Higuera gebracht. Am Tag darauf wurde er ermordet und seine Leiche nach Vallegrande gebracht, zur Schau gestellt und dann beseitigt.

Im Juli 1997 wurden Che Guevaras sterbliche Überreste schließlich auf dem Flughafen von Vallegrande entdeckt und am 12. Juli nach Kuba überführt. In Santa Clara, wo er während des Revolutionskrieges eine wichtige Schlacht gewonnen hatte, wurde ihm ein Monument errichtet.

Inhalt

05. Aufzeichnungen aus der Sierra Maestra

06. Hinter der Kamera

07. Fragen begegnen: Interviews

Um zu beginnen

Che, der Zeitzeuge – auch diesen Titel hätten wir dem Buch geben können, um die andere Berufung hervorzuheben, die das Leben, die Reisen und die Taten des Ernesto Che Guevara de la Serna von seiner rastlosen Jugend bis zu seinem außergewöhnlichen Leben als Erwachsener bestimmt hat. Es ist unglaublich, wie beständig er diese Arbeit verfolgt, sie in sein Leben integriert hat. Dieses Buch folgt seiner Suche, seinen Träumen, seinen Kämpfen und Herausforderungen, gibt Beispiele seiner Berufung als Zeitzeuge: Reisetagebücher, Briefe, Interviews, journalistische Arbeiten und Fotos.

Der Text ist mehr oder weniger chronologisch geordnet, so dass es möglich ist, Ches Weg, die Entwicklung seiner Ideen und fundamentalen Überzeugungen von Brief zu Brief, von Aufzeichnung zu Aufzeichnung zu verfolgen. In diesem Sinne ist dieses Buch ebenfalls ein Zeugnis.

Es legt Zeugnis ab von der »Guevara-Ethik«, auch in Bezug auf sein literarisches Schaffen. »Ich glaube, Schreiben ist ein Weg, konkrete Probleme in den

Blick zu nehmen, eine Haltung, die man dem Leben gegenüber auf Grund seines Empfindungsvermögens einnimmt«, schreibt er in einem Brief aus den 60er Jahren und verknüpft so zwei wesentliche Elemente seiner eigenen Erfahrung: praktisches Handeln und menschlich-künstlerische Sensibilität. In einem anderen Brief aus derselben Zeit antwortet er einem Schriftsteller: »Die einzige Leidenschaft, die mich auf das Feld geführt hat, das Sie beackern, ist die, der Wahrheit zu dienen und sie zu verbreiten (und halten Sie mich nicht für einen halsstarrigen Verteidiger des sozialistischen Realismus). Aus diesem Blickwinkel betrachte ich alles, was ich sehe.« Der Zusatz in Klammern offenbart uns einmal mehr – wie die Gedanken in seinem Essay »Der Sozialismus und der Mensch in Kuba« – den gut informierten Intellektuellen, der geprägt war von den zentralen Fragestellungen seiner Zeit.

Die Texte in diesem Buch zeigen verschiedene Seiten der Persönlichkeit des Autors. Wir begegnen Che als Leser und Fotograf, als Freund und Historiker, als ein Mann, der die Menschen und das Leben studiert. Ironie und Humor, Kritik und Überzeugungskraft, Aufrichtigkeit und Selbstanalyse verbinden sich in seinen Beobachtungen. »Ich glaube, dass die historische Wahrheit respektiert werden muss; willkürliche Erfindung kann zu nichts Gutem führen.« – diese Ausgabe seiner eigenen Texte versucht diesem Wunsch gerecht zu werden.

Che war ein leidenschaftlicher Verteidiger der Wahrheit, ein Streiter gegen schreiende Ungerechtigkeit und lähmenden Dogmatismus, denen er im Namen der Geschichte und des wahren Wortes den Kampf ansagte.

Deshalb ist es eine Ehre für das Kulturzentrum Pablo de la Torriente Brau, zusammen mit dem Zentrum für Che-Guevara-Studien und *Ocean Press* den ersten Versuch unternommen zu haben, diese zentralen Motive in Ches Leben zu erforschen. Er basiert auf einer Ausgabe des Magazins *Memoria*, die wir gemeinsam im Jahre 1997 gestaltet haben.

Das Ergebnis dieses Projektes ist das vorliegende Buch. Es wurde mit Sorgfalt und Liebe zusammengestellt, im Einklang mit Ches Zeit und mit dem Ziel, seine facettenreiche und kreative Persönlichkeit darzustellen. Che bediente sich der Ethik als Waffe in seinem Kampf, eine Welt zu erschaffen, in der diese neue Ethik möglich werden würde, in der sie für selbstverständlich gehalten werden könnte.

Indem sie Intelligenz, Solidarität und Gerechtigkeit verteidigen, versuchen die folgenden Seiten, uns den gebildeten, scharfsinnigen, ironischen und leidenschaftlichen Che näher zu bringen.

Dies ist ein Buch für all jene Menschen, wo immer auf unserem Planeten sie sich auch befinden mögen, die die Welt von heute hinterfragen, so wie der junge Ernesto es getan hat, eine Welt, die in zunehmendem Maße unverständlich, unberechenbar und ungerecht wird.

Víctor Casaus
Havanna

Ernesto Guevara, der unermüdlich
Reisende auf der Suche nach
Landschaften, seiner Berufung
und seinem Schicksal, ist bereits »der
Che« der siegreichen kubanischen
Revolution, als eine möglicherweise
entfernte Verwandte ihn in einem
Brief nach der Herkunft seiner
Familie fragte. In seiner denkwürdigen
Antwort legt Che Anfang 1964 seine
Haltung zu diesem Thema dar.

Dieser Brief wird begleitet von Fotos
aus Ernestos Kindheit und seinen
ersten Herausforderungen, eine Reise
durch Erziehung und Reifezeit.

Es ist mehr als eine Familienchronik,
mehr als eine Aneinanderreihung von
Daten und Orten. Dieser kurze,
direkte Brief, höchstwahrscheinlich
eilig geschrieben zwischen anderen
Verpflichtungen, offenbart uns
Ches tiefgründige Vorstellung einer
großen Menschheitsfamilie.

—VC

01 Die Anfänge

Wenn Sie fähig sind, vor Empörung zu zittern...

Havanna, 20. Februar 1964
»Jahr der Ökonomie«

Sra. María Rosario Guevara
36, rue d'Annam
(Maarif) Casablanca
Morocco

Genossin,

ehrlich gesagt, ich weiß nicht, aus welcher Gegend Spaniens meine Familie kommt. Natürlich ist es lange her, dass meine Vorfahren das Land verließen, bettelarm, sozusagen eine Hand nach vorn, die andere nach hinten ausgestreckt; und wenn ich meine nicht auf dieselbe Weise ausstrecke, dann deshalb, weil es so unbequem ist.

Ich glaube nicht, dass Sie und ich in enger verwandtschaftlicher Beziehung stehen, aber wenn Sie fähig sind, wegen jeder Ungerechtigkeit, die auf der Welt begangen wird, vor Empörung zu zittern, dann sind wir Genossen, und das ist wichtiger.

Mit revolutionärem Gruß,

PATRIA O MUERTE! VENCEREMOS!
Ernesto Che Guevara, Comandante

Diese Seiten: frühe Kindheit, mit
seinen Eltern Celia und Ernesto, 1929

Nächste Seiten: Kindertage
auf der elterlichen Schaukel

Oben: auf einer seiner vielen Rocinantes. Altagracia, Córdoba
Unten und links: Altagracia, Córdoba, Argentinien

Oben: Altagracia, Córdoba, Argentinien

Oben: der Student, von Buenos Aires
nach Córdoba, 1951
Rechts: der Arzt

Hier beginnt der junge Ernesto seine Reisen. Er sieht nicht nur Buenos Aires, Rosario und Córdoba, sondern er lernt sozusagen das Herz von Argentinien kennen.

Seine Begegnung mit der Natur im Norden Argentiniens, die er in einer wunderschönen, präzisen und klaren Prosa beschreibt, in der immer wieder seine verblüffende Ironie aufblitzt, geht Hand in Hand mit seiner spezifischen Sicht der Dinge: Che schaut hinter den trügerischen Schein der »schicken Fassade der Touristenführer von Jujuy«, um den Geist des Landes und seiner Einwohner zu entdecken.

Diese Reise ist der erste Kontakt des jungen Ernesto mit einer Welt jenseits der engen Grenzen der Familie. Seine Suche nach Abenteuern und unbekannten Orten wird von einer persönlichen Herausforderung begleitet: von dem Kampf, sein Asthma zu kontrollieren und seine Willensstärke unterwegs auf der Landstraße zu testen.

Der Reisende entdeckt ganz neue Aspekte der Natur und beginnt – mit einer Klarsicht, die er nie aufhört zu schärfen – die Facetten der menschlichen Gesellschaft in der Welt wahrzunehmen, die sich vor seinen Augen öffnet. In diesem Prozess ist nichts wichtiger als die Kenntnis des anderen, der Austausch in einem unerwarteten Gespräch:

»Vor mir tauchte ein Tramp auf, der unter einer kleinen Brücke hauste, und wir fingen wie selbstverständlich an zu reden. Der Mann hatte in Chaco Baumwolle gepflückt, und nachdem er eine Weile umhergezogen war, überlegte er, sich zur Weinlese nach San Juan aufzumachen … Als er von meinen Plänen hörte, mehrere Provinzen zu bereisen, und herausfand, dass es sich um nichts weiter als eine Vergnügungsfahrt handelte, fasste er sich entgeistert an den Kopf: >Mama mía, all diese Strapazen für solch einen Quatsch?<«

—VC

DIE REISEN:

O2

Argentinien

Ein **verwegenes** Unternehmen…

Dies ist ein Blick zurück auf einige der
wichtigsten Etappen meiner Reise,
die anfänglich nur durch zwei oder drei
Gegenden der Provinz Córdoba
führen sollte, sich dann jedoch zu dem
verwegenen Unternehmen auswuchs,
nach Santiago, Tucumán, Catamarca,
La Rioja, San Juan, Mendoza, San Luis,
Buenos Aires und Miramar zu gelangen.

Buenos Aires, Argentinien, 1951

Ich lachte über den Regenguss...

Als ich am Abend des 1. Januar 1950 Buenos Aires verließ, war ich voller Zweifel an der Leistungsfähigkeit meines Fahrrads, das mit einem kleinen Motor ausgestattet war. Meine einzige Hoffnung bestand darin, Pilar so schnell wie möglich und an einem Stück zu erreichen (das Ende meiner Reise, wie es mir einige wohlmeinende Stimmen zu Hause nahe gelegt hatten) und dann nach Pergamino weiterzufahren, einem weiteren Endpunkt, den sie für mich ausersehen hatten.

Auf der Landstraße hinter San Isidro stellte ich den Motor ab und trat in die Pedale, so dass ein anderer Fahrer, der ebenfalls mit Muskelkraft nach Rosario unterwegs war, zu mir aufschloss. Wir fuhren zusammen weiter, ich immer ohne Motor, um nicht schneller zu sein als mein Begleiter. Als ich durch Pilar fuhr, fühlte ich zum ersten Mal die Freude über einen errungenen Sieg.

Am nächsten Morgen um acht Uhr erreichten wir San Antonio de Areco, die erste Station meines Reisebegleiters, wo wir gemeinsam frühstückten und uns verabschiedeten. Ich setzte meinen Weg fort und kam bei Einbruch der Dunkelheit in Pergamino an. An dieser zweiten symbolischen Station fühlte ich mich so glücklich und ermutigt durch den Erfolg, dass ich meine Erschöpfung vergaß und gleich weiter nach Rosario fuhr, das ich um elf Uhr abends erreichte, allerdings, das muss ehrlicherweise gesagt werden, indem ich mich an einen Tanklastwagen hängte. Mein Körper schrie nach einer Matratze, aber mein Wille trug den Sieg davon, und ich fuhr weiter. Gegen zwei Uhr nachts gab es einen Wolken-bruch, der rund eine Stunde andauerte. Ich holte mein Regencape und die Plastikplane hervor, die dank der Voraussicht meiner Mutter den Weg in mein Gepäck gefunden hatten, lachte über den Regenguss und rezitierte aus vollster Lunge ein Gedicht von Sábato. [...]

Um sechs Uhr morgens erreichte ich Leones, wechselte die Zündkerzen aus und füllte meinen Tank. Die Strecke wurde nun monoton. Gegen zehn fuhr ich durch Belle Ville und hängte mich wieder an einen Lastwagen, der mich bis in die Nähe von Villa María zog, wo ich einen Moment anhielt und Berechnungen anstellte. Bis hierher hatte ich weniger als vierzig Stunden gebraucht, 144 Kilometer lagen noch vor mir, bei 25 Kilometer pro Stunde, also gab es nicht viel zu überlegen. Nach weiteren zehn Kilometern überholte mich ein Personenwagen – ich trat gerade wieder einmal in die Pedale, um eine Überhitzung des Motors in der Mittagssonne zu vermeiden –, der Fahrer hielt an und fragte mich, ob ich Benzin brauche. Ich verneinte, bat ihn jedoch, mich mit sechzig Stundenkilometern hinter sich her zu ziehen. Nach zehn Kilometer platzte mein Hinterreifen. Ich verlor die Kon-trolle über das Fahrrad, und meine ganze Herrlichkeit landete im Staub (ein herrlicher Ausblick, mit dem Gesicht auf der Straße).

Auf der Suche nach dem Grund für die Panne stellte sich heraus, dass der unnötigerweise mitlaufende Motor ein Loch in den Reifen gefressen hatte, was zu meinem Sturz führte. Ohne Reserve-reifen und hundemüde legte ich mich neben die Straße, um auszuruhen. Nach ein oder zwei Stunden kam ein leerer Lastwagen vorbei, und der Fahrer erklärte sich bereit, mich bis Córdoba mitzunehmen. Dort packte ich meinen [...] Kram in einen Mietwagen und kam so nach Granado, Ziel meiner Strapazen, in einer Gesamtzeit von 41 Stunden und 17 Minuten. [...]

Im [unlesbar], den ich bereits beschrie-ben habe, traf ich einen Tramp, der unter einer kleinen Brücke schlummerte und erschreckt hochfuhr. Wir begannen zu reden, und als er hörte, dass ich Student bin, schloss er mich sofort ins Herz. Er holte eine dreckige Thermos-flasche hervor und bereitete mir einen Mate-Tee mit so viel Zucker, dass man sich jede alte Jungfer hätte versüßen können. Nachdem wir uns ausführlich unsere Abenteuer erzählt hatten, wobei wir sie ordentlich ausschmückten, aber doch so einigermaßen bei der Wahrheit blieben, erinnerte er sich an seine Zeit als Frisör und zog mit einem Blick auf meine ziemlich langen Locken eine verrostete Schere sowie einen schmutzigen Kamm hervor und machte sich an die Arbeit. Nach einer Weile hatte ich das Gefühl, dass auf meinem Kopf irgendetwas Merkwürdiges vor sich ging, und begann um meine körperliche Unversehrtheit zu fürchten; ich hätte nie gedacht, dass eine Schere eine so gefährliche Waffe sein könnte. Als mein Frisör mir einen kleinen Spiegel vorhielt, fiel ich fast um: Jede Stelle auf meinem Kopf war verun-staltet, so viele Treppen hatte er in die Locken geschnitten.

Wie eine Art Trophäe trug ich meinen geschorenen Kopf in das »Aguilar-Haus« meiner Schwester Ana María. Zu meiner Überraschung schenkte sie dem Kahlschlag kaum Beachtung, war aber erstaunt darüber, dass ich Mate-Tee bei dem Frisör-Tramp getrunken hatte. So gesehen, war eigentlich nichts passiert.

Ich ruhte mich einige Tage aus und wartete auf Tomasito, mit dem ich dann nach Tanti aufbrach. Der Ort, zu dem wir wollten, war nichts Besonderes, bot aber einige Annehmlichkeiten, frisches Quellwasser eingeschlossen. Nach zwei Tagen setzten wir unsere Reise fort nach Los Chorrillos, das etwa zehn Kilometer entfernt lag. [...]

Der rund fünfzig Meter hohe Wasserfall von Los Chorrillos in den Bergen von Córdoba ist wirklich sehenswert. In mehreren getrennten Strömen, die jeden Stein wegspülen, stürzt das Wasser in ein künstliches Becken, und von dort aus, weniger kraftvoll, in ein großes natürliches Becken. Es ist das größte, das ich bei einem Fluss dieses Ausmaßes je gesehen habe, aber leider liegt es fast immer im Schatten, so dass das Wasser eiskalt ist und man es darin nur ein paar Minuten aushält.

Die großen Mengen Wasser an allen Hängen der Umgebung entspringen natürlichen Quellen und machen diese Region überaus fruchtbar, es gibt eine wahre Explosion von Farn und anderen feuchtigkeitsliebenden Pflanzen, was diesem Ort eine imposante Schönheit verleiht.

Hier, über dem Wasserfall, unternahm ich meine ersten Versuche im Bergklettern. Ich hatte mir überlegt, den Abstieg an einer Stelle zu wagen, wo der Wasserfall etwas sanfter herabplätscherte, aber um den Nervenkitzel zu erhöhen, wählte ich eine riskante Abkürzung, die schwierigste, die sich mir bot. Auf halbem Wege löste sich ein Stein, und in einer Lawine von Steinen und kleinen Felsbrocken rutschte ich rund zehn Meter in die Tiefe.

Als ich endlich wieder auf die Beine kam – ich hatte mir mehrere [unlesbar] gebrochen –, musste ich wieder hinaufklettern, denn es war unmöglich, weiter hinabzusteigen. Hier lernte ich die erste Regel des Kletterns: Rauf geht es besser als runter. Der bittere Geschmack der Niederlage ließ mich den ganzen Tag nicht los, aber am nächsten Tag sprang ich von vier Meter Höhe (oder waren es nur zwei?) in siebzig Zentimeter tiefes Wasser. So spülte ich den bitteren Geschmack vom Vortag weg.

An jenem Tag und einem Teil des nächsten regnete es in Strömen [...], so dass wir beschlossen, unsere Zelte abzubrechen. Gegen halb sechs, als wir gerade dabei waren, unsere Siebensachen zusammenzupacken, [...] hörten wir das erste dumpfe Grollen der herannahenden Wassermassen. Leute aus der Nachbarschaft stürzten aus ihren Häusern und schrien: »Das Wasser kommt runter! Das Wasser kommt runter!« Überall wimmelte es von Leuten, und wir drei rannten mit unseren Habseligkeiten hin und her.

Granado, »El Grego«, hob die Zeltplane an einer Seite hoch und kippte alles das, was da noch lag, zur Seite, während Tomás und ich in Windeseile die Heringe aus dem Boden zogen. Die Wassermassen kamen direkt auf uns zu, und die Leute neben uns schrien: »Haut ab, ihr Idioten!« und noch einige andere wenig katholische Ausdrücke. Aber da war noch ein Seil zu kappen, ich hatte die Machete in der Hand, und dann ging alles sehr schnell. Alle schauten mit angehaltenem Atem zu, ich rief: »Attacke, Leute!« und hieb mit dramatischer Geste das Seil durch.

Wir konnten alles noch so eben auf die Seite bringen, bevor die anderthalb Meter hohen Wassermassen mit ohrenbetäubendem Lärm herabstürzten.

Am 29. Januar um vier Uhr nachmittags radelte ich weiter, und nach einem kurzen Zwischenstopp in Colonia Caroya nahm ich Kurs auf San José de la Dormida [der »Schlafenden«], wo ich dem Namen des Ortes alle Ehre machte, indem ich mich gleich neben der Straße hinhaute und bis sechs Uhr des folgenden Morgens tief und fest schlief.

Ich fuhr rund fünf Kilometer, bis ich einen kleinen Laden fand, wo man mir einen Liter Benzin verkaufte.

Auf dem letzten Stück vor San Francisco del Chañar musste ich den Hilfsmotor ausstellen. Er bekam Angst vor einer Steigung und ließ mich fünf Kilometer treten, immer bergauf, doch schließlich fand ich mich mitten in einem Dorf wieder. Von dort nahm mich der Lieferwagen der Leprastation mit.

Am nächsten Tag besuchten wir mit Doktor Rosetti einen von Alberto Granados [unlesbar]. Auf dem Rückweg fiel ich vom Fahrrad, acht Speichen brachen, und wir mussten vier Tage länger als geplant dort bleiben, bis der Schaden behoben war. [...]

Wir wollten am Samstag weiterfahren [...], mit Alberto Granado, nach einer kleinen Party oder wenigstens einem Umtrunk bei Mr. X, einem Senator der Region, dem Lokalhelden, einer Art modernem Robin Hood. [...]

Wir berieten den ganzen Morgen, wie wir uns schnell aus dem Staub machen könnten. Schließlich, am frühen Nachmittag, entschlossen wir uns aufzubrechen, ich auf dem Fahrrad und Alberto und ein Freund auf dem Motorrad. Doch zuerst wollten wir noch ein Gläschen von ihrem Wermut trinken, der etwas ganz Besonderes war. [...] Eis gab es nicht, und so ging der Kleine los, um welches zu besorgen, aber er konnte keins auftreiben. Ich wurde langsam ungeduldig, also ging er zum Haus des Senators, um dort Eis zu erbitten. Er bekam es tatsächlich, und wir machten uns mit Feuereifer über den Wermut her. Zu unserem Unglück fiel der Frau des Senators ein, dass sie ihre »Medizin« brauche, und sie kam zu uns. Als wir den Besuch der hohen Dame bemerkten, war es schon zu spät. Ich warf mich trotzdem auf die Matratze, machte ein verzweifeltes Gesicht, so als hätte ich große Schmerzen, wenn auch nur, um mein Talent als Schauspieler unter Beweis zu stellen, denn ich wusste, dass es keinen Zweck hatte. [...]

Santiago del Estero: Die Sonne brannte mir auf den Schädel…

Dieser Teil von Santiagos Landschaft erinnerte mich an einige Gegenden im Norden Córdobas, von denen er nur durch eine imaginäre Linie getrennt ist. Am Straßenrand stehen riesige Kakteen, manchmal sechs Meter hoch, wie gewaltige grüne Kandelaber. Die Vegetation ist üppig, und es gibt Anzeichen reichen Lebens, doch die Szenerie verändert sich nach und nach, die Straße wird holprig und staubig, die Quebrachobäume verschwinden, und Stechpalmen beherrschen das Bild.

Die Sonne brannte mir auf den Schädel und überschüttete mich mit ihrer Hitze, während ich die Straße entlangholperte. Ich suchte den Schatten eines Johannisbrotbaumes und schlief eine Stunde, dann stand ich auf, trank ein paar Tassen Mate und setzte meinen Weg fort. Der Kilometerstein 1.000 auf der Route 9 hieß mich willkommen. Einen Kilometer weiter befand ich mich bereits in der Wüste, aber plötzlich verwandelte sich der Weg (der holprigste bislang) zu meiner größten Überraschung in eine herrlich asphaltierte, feste und ebene Straße, auf der der Hilfsmotor in seinem Element war und glücklich vor sich hin tuckerte.

Das war nicht die einzige Überraschung, die das Herz der Republik für mich auf Lager hatte – die Tatsache, dass ich alle vier oder fünf Kilometer an einem Bauernhof vorbeikam, ließ mich daran zweifeln, ob ich mich tatsächlich in dieser tragischen Gegend befand. Doch die grüne Mähne dieses Meers aus silberfarbener Erde zerstreute jeden Zweifel. In regelmäßigen Abständen tauchte, wie ein aufgepflanzter Wächter, die mächtige Gestalt eines Kaktus auf.

In eineinhalb Stunden legte ich achtzig Kilometer in diesem Salzbecken zurück, und dann wartete eine weitere Überraschung auf mich: Als ich um etwas kaltes Wasser bat, um das in meiner Wasserflasche zu ersetzen, das warm geworden war, erfuhr ich, dass es hier in drei Metern Tiefe reichlich Trinkwasser gibt. Offensichtlich ist der schlechte Ruf ein subjektives Gefühl, es sei denn, es gibt irgendeine andere Erklärung für das folgende Phänomen: gute Straßen, viele Bauernhöfe, Wasser in drei Metern Tiefe. Das ist keine Kleinigkeit.

Nach Einbruch der Nacht kam ich nach Loreto, einer Stadt mit mehreren tausend Einwohnern, aber noch sehr unterentwickelt.

Der Wachtmeister, den ich kennen lernte, als ich mich nach einer Bleibe für die Nacht erkundigte, sagte mir, dass es in der ganzen Stadt keinen Arzt gebe, und als ich ihm erzählte, dass ich fünf Jahre Medizin studiert hatte, gab er mir den weisen Rat, mich hier als Arzt niederzulassen. »Sie verdienen eine Menge Geld, und außerdem tun Sie uns einen Gefallen.« [...]

Ich setzte mich sehr früh wieder auf den Sattel und fuhr über Marterstrecken, aber auch über ganz vorzügliche Straßen weiter. Ich trennte mich für immer von meiner Wasserflasche, die Opfer eines heimtückischen Schlaglochs geworden war, und schließlich erreichte ich Santiago, wo ich von einer Familie, die ich dort kannte, aufs Herzlichste empfangen wurde.

Dort erschien der erste Bericht über mich, in einer Zeitung der Provinz Tucumán, geschrieben von einem Señor Santillán, dem ich auf meiner ersten Stippvisite in der Stadt begegnete. [...] An jenem Tag lernte ich Santiago kennen [...], wo die mörderische Hitze unerträglich ist, sogar für ihre Einwohner, die sich tagsüber zu Hause einschließen und erst abends auf die Straße gehen, um ihr geselliges Leben zu pflegen.

»Meine Reise durch mehrere Provinzen war nichts weiter als eine Vergnügungsfahrt …«, 1950

Tucumán: Als ich anhielt, um einen Reifen aufzupumpen…

Am nächsten Morgen um neun Uhr setzte ich meinen Weg nach Tucumán fort, wo ich spätabends ankam.

Unterwegs geschah etwas Komisches, als ich etwa tausend Meter vor der Stadt anhielt, um einen Reifen aufzupumpen. Vor mir tauchte ein Tramp auf, der unter einer kleinen Brücke hauste, und natürlich begannen wir miteinander zu reden. Er hatte in Chaco Baumwolle gepflückt, und nachdem er eine Weile umhergezogen war, überlegte er, sich zur Weinlese nach San Juan aufzumachen […] Als er von meinen Plänen hörte, mehrere Provinzen zu bereisen, und herausfand, dass es sich um nichts weiter als eine Vergnügungsfahrt handelte, fasste er sich entgeistert an den Kopf: »Mama mía, all diese Strapazen für solch einen Quatsch?« […]

Ich fuhr das letzte Stück bis zur Hauptstadt der Provinz Tucumán. Wie ein Blitz fegte ich mit dreißig Meilen die Stunde durch die majestätische Stadt und nahm sogleich die Straße nach Salta. Ich wurde jedoch vom Regen überrascht, und so landete ich kleinlaut in einer Kaserne, von wo ich am nächsten Morgen um sechs Uhr aufbrach. Auf der Landstraße hinter Tucumán hat man einen der schönsten Ausblicke im Norden [Argentiniens]. Zwanzig Kilometer entlang einer guten Straße gibt es auf beiden Seiten eine

üppige Vegetation, eine Art Tropenwald, gut erreichbar für Touristen, mit Tausenden kleiner Flüsse und einer hohen Luftfeuchtigkeit – diese Gegend könnte als Filmkulisse für den Amazonas dienen. Wenn man diesen natürlichen Garten betritt, zwischen den Lianen umherwandert, sich seinen Weg durch den Farn bahnt und sieht, wie sich hier alles über unsere spärliche Botanik lustig zu machen scheint, dann erwartet man, jeden Moment einen Löwen brüllen zu hören, eine Schlange lautlos vorbeigleiten oder einen Hirsch flink davonspringen zu sehen. Plötzlich war tatsächlich ein Brüllen zu hören, nicht sehr laut, aber ausdauernd, doch dann stellte sich heraus, dass es der Motorenlärm eines Lastwagens war, der sich einen Hang hinaufquälte.

Das röhrende Geräusch ließ das Glashaus meiner Träumerei einstürzen und holte mich in die Realität zurück. Da erkannte ich, dass etwas, was schon eine ganze Zeit inmitten der geschäftigen Betriebsamkeit der Stadt in mir rumorte, nun herangereift war: Ich verabscheute die Zivilisation. Der bloße Anblick von Menschen, die zum Pulsschlag eines Höllenlärms wie die Wahnsinnigen umherhasten, erschien mir nun als die widerliche Antithese zu dem Frieden hier, zu dem friedvollen Rauschen der Blätter, das die

harmonische Hintergrundmusik spielte. Ich kehrte auf die Straße zurück und setzte meinen Weg fort. Um elf oder zwölf erreichte ich eine Polizeistation und hielt an, um mich auszuruhen. Ein Motorradfahrer auf einer brandneuen Harley Davidson tauchte auf und bot mir an, mich ins Schlepptau zu nehmen. Ich fragte ihn, wie schnell er sei. »Wenn ich langsam fahre, vielleicht achtzig oder neunzig.« Nun hatte ich aber aus leidvoller Erfahrung, auf Kosten meiner Rippen, gelernt, dass ich nicht über vierzig Stundenkilometer fahren konnte, wenn ich gezogen wurde, und schon gar nicht mit meinem schlecht zu befestigenden Gepäck und auf diesen holprigen Straßen.

Ich lehnte höflich ab, dankte für den Becher Kaffee, zu dem er mich eingeladen hatte, und fuhr weiter, in der Hoffnung, noch bei Tageslicht in Salta anzukommen. 200 Kilometer lagen noch vor mir, also musste ich einen Zahn zulegen.

Auf der Polizeistation in Rosario de la Frontera erlebte ich etwas Trauriges. Die Harley Davidson wurde von einem Lastwagen abgeladen. Ich ging hinüber und fragte nach dem Fahrer. Tot, wurde mir gesagt.

Natürlich ist das kleine persönliche Schicksal eines toten Motorradfahrers nicht wichtig genug, um die Anteilnahme der Massen oder ihre Empfindsamkeit zu wecken; aber zu wissen, dass jemand die Gefahr sucht, ohne eine besondere Heldentat begehen zu wollen, und dass er ohne Zeugen in einer Kurve sein Leben verliert, macht aus diesem unbekannten Abenteurer jemanden, der eine Art Hang zum Selbstmord hat. Eine Untersuchung seiner Persönlichkeit könnte interessant sein, doch das hätte dann nichts mehr mit diesen Aufzeichnungen zu tun. [...]

Im Hospital stellte ich mich als »müden Abenteurer und Medizinstudenten, der sein Studium abgebrochen habe« vor. Man bot mir eine Mischung aus Kranken- und Lastwagen mit weichen Sitzen als Unterkunft an und richtete ein wahrhaft königliches Bett her. Ich schlief wie ein Stein, bis man mich um sieben Uhr morgens wachrüttelte, weil der Wagen gebraucht wurde. Es goss in Strömen, so dass ich meine Weiterfahrt verschieben musste. Gegen zwei Uhr mittags machte ich mich auf nach Jujuy, aber der heftige Regenguss hatte die Straße in einen Morast verwandelt, und es war mir unmöglich weiterzufahren. Glücklicherweise begegnete ich einem Lastwagen, und es stellte sich heraus, dass der Fahrer ein alter Bekannter war, der mich mitnahm. Nach ein paar Kilometern trennten

sich unsere Wege, er fuhr nach Campo Santo, um Zement zu laden, und ich radelte auf einer Straße weiter, die allgemein unter dem Namen »La Cornisa« bekannt ist.

Von den umliegenden Hügeln strömten die Wassermassen, die sich auf ihnen gesammelt hatten, ins Tal herab, quer über die Straße in den Mojotoro, der gleich nebenan fließt. Er bietet ein nicht so grandioses Schauspiel wie der Juramento in Salta, doch seine heitere Schönheit belebt den Geist. Nachdem der Reisende den Fluss hinter sich gelassen hat, kommt er in das eigentliche Gebiet von La Cornisa – in die majestätische Schönheit seiner baumbestandenen Hügel. Ein Bergpass folgt dem nächsten, immer eingerahmt von grünen Flächen, die man durch das Laub hindurch sieht wie durch eine grüne Linse.

Die nassen Blätter geben ihre Kühle in die Luft ab, und statt der alles durchdringenden, aggressiven Feuchtigkeit, die in Tucumán herrscht, ist das Klima hier frisch und mild. Der Zauber dieses dunstigen und dank des dichten Waldes frischen Nachmittags [...] versetzte mich in eine Traumwelt, eine Welt, die sich von meiner gegenwärtigen Situation sehr unterschied; doch ich kannte durchaus den Weg zurück.

Diese Welt war nicht durch nebelverhangene Schluchten abgeschnitten, wie es das Reich des Guten im Allgemeinen zu sein pflegt. [...]

Erschöpft von so viel Schönheit, als hätte ich nach dem Verzehr von zu viel Schokolade Magenschmerzen, erreichte ich die Stadt Jujuy, mit der Absicht, die Gastfreundschaft dieser Provinz zu erkunden. Mir taten alle Knochen weh. Gab es eine bessere Gelegenheit, die Krankenhäuser des Landes zu testen?

Ich schlief ausgezeichnet in einer der Krankenstationen, allerdings musste ich zuerst meine medizinischen Kenntnisse nachweisen. Bewaffnet mit Pinzette und etwas Äther machte ich mich auf die spannende Jagd nach [unlesbar] auf dem geschorenen Kopf eines Kleinkindes. Sein monotones Wimmern zerriss meine Ohren wie eine scharfe Klinge, während mein wissenschaftliches Ich gierig die Zahl der toten Feinde registrierte. Ich verstehe heute noch nicht, wie dieses dunkelhäutige Kind von kaum zwei Jahren so voller Maden sein konnte. Selbst wenn man es darauf anlegen würde, wäre es nicht einfach. [...]

Schließlich ging ich ins Bett und versuchte nach dieser unbedeutenden Episode eine solide Basis für meinen Pariaschlaf zu finden. [...]

Salta: Die grösste Ziege der Herde gickelte über meine Ungeschicklichkeit…

Die glatt asphaltierte Straße von Rosario de la Frontera nach Metán ermöglichte mir eine geruhsame Fahrt, die ich auch brauchte, denn die Strecke von Metán nach Salta erforderte eine ganze Portion Geduld, um die Unebenheiten zu meistern.

Aber wie schlecht die Straßen dieser Gegend auch sind, man wird durch herrliche Aussichten entschädigt. Wir kamen in eine durchgehend gebirgige Gegend, und nach jeder Kurve gab es etwas Neues zu bestaunen.

Kurz vor Lobería sah ich eine der schönsten Szenerien auf meiner bisherigen Fahrt. Gleich neben der Straße führte eine stillgelegte Eisenbahnbrücke über den Juramento. Bunte Steine umsäumten das Ufer, und das ungestüme graue Wasser kämpfte sich durch steile, von wundervoller Vegetation bedeckte Felsen. Ich stand eine Weile da und betrachtete den Fluss. […] Das schaumige graue Wasser, das Funken sprühte, wenn es sich an den Felsen brach, um dann wieder in den Strudel zurückzufallen, lud dazu ein, hineinzuspringen und sich von seinen Fluten durchschütteln zu lassen und wie verrückt loszuschreien, ohne sich um das zu kümmern, was andere davon halten würden. Mit einem leicht melancholischen Gefühl kletterte ich den Abhang hoch. Das tosende Wasser unter mir schien mich wegen meiner romantischen Anwandlung zu tadeln, und ich kam mir vor wie ein gemaßregelter Schüler. Über mir und meinem Philosophenbart à la Jack London gickelte die größte Ziege der Herde über meine Ungeschicklichkeit als Kletterer. Und wieder einmal riss mich das ächzende Gedröhne eines Lastwagens aus meiner Versunkenheit. Nach Einbruch der Dunkelheit kletterte ich den letzten Hügel hinauf und wurde mit der Aussicht auf die wunderschöne Stadt Salta belohnt. Ihr einziger erwähnenswerter Schwachpunkt ist die Tatsache, dass der Reisende von der geometrischen Eintönigkeit des Friedhofs begrüßt wird.

Mit seinem Onkel auf dem Flughafen El Palomar

Jujuy: Nein, so lernt man eine Stadt nicht kennen...

Um zwei Uhr mittags kam ich in Salta an und besuchte ein paar Freunde vom Hospital. Sie waren erstaunt zu hören, dass ich die ganze Strecke in nur einem Tag zurückgelegt hatte, und einer von ihnen fragte: »Aber was siehst du denn?« Die Frage blieb unbeantwortet, weil sie in einer Weise formuliert war, die eine Antwort unmöglich machte. Und das ist der Punkt, die eigentliche Frage: Was sehe ich tatsächlich? Ich nähre mich nicht von demselben Stoff wie andere Touristen, und ich finde es seltsam, in Touristenführern zum Beispiel den Altar und die herrliche Kanzel von La Patria in Jujuy abgebildet zu sehen, der Kirche, in der die Nationalflagge gesegnet wurde, sowie die wunderbare kleine Madonnenstatue von Río Blanco und Pompeya, das Haus, in dem Lavalle gestorben ist, den Ratssaal der Revolution, das Provinzmuseum etc.

Nein, so lernt man eine Stadt nicht kennen, so versteht man nicht ihre Lebensphilosophie oder ihre Art zu leben. Alles, was ich eben erwähnt habe, ist eine hübsche Fassade; der Geist einer Stadt jedoch spiegelt sich in den Gesichtern der Patienten ihrer Hospitäler, der Insassen ihrer Gefängnisse und der ängstlichen Fußgänger, mit denen man redet, während der Río Grande seine wilden, aufgewühlten Wassermassen unter einem vorbeiwälzt. Aber es dauert zu lange, um das zu erklären, und wer weiß, ob man mich verstanden hätte. Ich dankte und begann mit der Erkundung einer Stadt, die ich immer noch nicht sehr gut kannte, als ich sie wieder verließ.

Den Anfang der *Motorcycle Diaries* überschreibt der junge Chronist Ernesto Guevara mit den Worten: »Damit wir uns verstehen ...« Und er warnt uns: »Die Person, die diese Aufzeichnungen geschrieben hat, starb in dem Augenblick, als sie den Fuß wieder auf argentinischen Boden setzte. Die Person, die sie neu geordnet und überarbeitet hat, mich, gibt es nicht mehr; zumindest bin ich nicht mehr die Person, die ich einmal war.« Seine Sichtweise hat sich verändert, seine Analyse hat sich vertieft und sein Geist ist reicher geworden, als er durch das »Große Amerika« streifte.

Che war erst 23, als er, begleitet von seinem Freund Alberto Granado, die Reise antrat. Er verließ Argentinien, um die Welt zu sehen, um Landschaften zu betrachten und seinen Horizont zu erweitern. Er hatte die Vorstellung, am Ende in das Land, in dem er geboren wurde, zurückzukehren, und kündigte es an, als wäre es Teil seiner freiheitlichen Pläne 15 Jahre später: »Vielleicht werde ich mich eines Tages, des Herumirrens müde, auf diesem Stück argentinischer Erde niederlassen, und wenn schon nicht für immer, so werde ich das Gebiet der Anden-Seen doch zumindest als Durchgangsstation auf dem Weg zu einem neuen Weltverständnis wieder besuchen und dort wohnen.«

Die Beiträge in diesem Kapitel sind der Schlüssel zum Verständnis seines ersten Blicks auf Lateinamerika, auf »unser Großes Amerika«: die bestaunte Entdeckung präkolumbischer Zivilisationen, die Selbstironie in der chaplinesken Episode mit dem chilenischen Puma, die Fortsetzung seiner sozialen und menschlichen Lehrzeit in der Passage über die Bar »Mona Lisa«, seine Geburtstagsfeier, diesmal auf peruanischem Boden, während der er erklärt, dass »die Aufteilung Amerikas in labile, schimärische Nationen vollkommen fiktiv [ist]«.

Es kann keinen Zweifel geben an der Leidenschaft und der Beharrlichkeit des Chronisten Ernesto, der in seinen *Motorcycle Diaries* das Bewusstsein von der Bedeutung dieser Arbeit erkennen lässt, von der er in der Folgezeit Zeugnis ablegen wird. Im Nachhinein gesehen scheint Ernestos gesamtes Leben genau das gewesen zu sein: eine lange Reise der Entwicklung und der Hingabe, des Suchens und Kämpfens, der Herausforderung und der Entdeckung, der Analyse und der Rückversicherung.

Auch der Schriftsteller, der sich in dem Reisenden verbirgt, entwickelt sich auf dieser Reise. Die unschätzbaren Entdeckungen des wirklichen Lebens ergänzen Ernestos Bücherwissen. Der Zeitzeuge Che – eine Rolle, die er sein gesamtes Leben spielen wird – erkundet für uns die Reiche des Geheimnisvollen und beschreibt sie, so zum Beispiel in seinen »Bemerkungen am Rande«.

Dieses undatierte Kapitel, das hier am Ende von Ernestos Reise steht, fängt die Fragen und Ungewissheiten ein, die die Menschheit auch am Beginn des 21. Jahrhunderts bewegen. So lauscht Ernesto zum Beispiel den Worten eines Mannes, Worten »voller Licht und Schatten«, und prophezeit dann: »*Die Nacht – zurückgedrängt, als sie von seinen Worten berührt wurde – nahm mich von Neuem gefangen und hüllte mich ein; aber trotz seiner Worte wusste ich jetzt: In dem Moment, da der große Spiritus rector den gewaltigen Schnitt macht, der die gesamte Menschheit in zwei antagonistische Lager teilt, werde ich auf Seiten des Volkes stehen ...*«

—VC

03

Ein erster Blick auf Lateinamerika

Damit wir uns verstehen

Dies ist keine Geschichte beeindruckender Heldentaten, es ist auch nicht lediglich ein »etwas zynischer Bericht«; zumindest will er es nicht sein. Es ist ein Stück zweier Leben, eine Momentaufnahme von einer bestimmten gemeinsamen Wegstrecke gleicher Hoffnungen und verwandter Träume. Ein Mensch kann in neun Monaten seines Lebens an viele Dinge denken, die von der verstiegensten philosophischen Spekulation bis zum schlichten Verlangen nach einem Teller Suppe reichen, in direkter Wechselwirkung zu der Leere seines Magens; und wenn er zugleich ein Abenteurer ist, kann er in diesem Zeitraum Augenblicke erleben, die vielleicht auch andere Menschen interessieren und bei deren wahllosen Schilderung so etwas wie diese Notizen entstehen können.

So wurde die Münze geworfen und hat sich viele Male gedreht; einmal kam sie auf »Kopf«, ein anderes Mal auf »Zahl« zu liegen. Der Mensch, Maß aller Dinge, spricht hier durch meinen Mund und erzählt mit meinen Worten, was meine Augen gesehen haben; vielleicht habe ich auf zehn mögliche »Köpfe« nur einmal »Zahl« gesehen, oder umgekehrt, vermutlich ist es so, und daran ist nichts zu ändern; mein Mund erzählt, was meine Augen ihm berichteten. War unser Blick nie umfassend, immer flüchtig und nicht immer angemessen informiert? Waren unsere Urteile zu vorschnell, zu endgültig? Mag sein, aber dies ist die Interpretation, die eine Klaviatur der Gesamtheit der Impulse gibt, die dazu führten, die Tasten zu drücken, und diese flüchtigen Impulse sind tot. Es gibt niemanden, der der Bürde eines Gesetzes unterliegt.

Die Person, die diese Aufzeichnungen schrieb, starb in dem Moment, als sie ihren Fuß wieder auf argentinischen Boden setzte, und die Person, die sie neu ordnete und überarbeitete, mich, gibt es nicht mehr; zumindest bin ich nicht mehr dieselbe Person, die ich einmal war. Dieses ziellose Streifen durch unser »Großes Amerika« hat mich stärker verändert, als ich geglaubt habe.

In einem beliebigen Lehrbuch der Fotografie kann man das Bild einer nächtlichen, scheinbar vom Vollmond beschienenen Landschaft sehen, und der erläuternde Text dazu verrät uns das Geheimnis der »Dunkelheit im prallen Sonnenlicht«. Die Natur der Sinneseindrücke auf meiner Netzhaut aber kennt mein Leser kaum, und auch ich ahne sie nur, so dass keine Korrekturen auf der Fotoplatte vorgenommen werden dürfen, um den realen Moment zu ermitteln, in dem sie belichtet wurde. Wenn ich euch ein Foto zeige und sage, dass ich es bei Nacht aufgenommen habe, könnt ihr mir glauben oder auch nicht, das ist mir egal; denn wenn ihr die fotografierte Landschaft nicht zufällig selbst kennt, werdet ihr schwerlich eine andere Wahrheit erfahren als die, die ich hier schildere. Aber ich lasse euch jetzt mit mir allein, mit dem, der ich war …

Aus Ernesto Guevaras Originaltagebuch
The Motorcycle Diaries

ENTENDÁMONOS

No es este el relato de hazañas impresionantes, no es tampoco mera-
mente un "relato un poco cínico"; no quiere serlo, por lo menos. Es un ~~pedazo~~ trozo
de dos vidas tomadas en un momento en que cursaron juntas un determinado tre-
cho, ~~xxxxxxx~~ con identidad de aspiraciones y conjunción de sueños. Un hombre
en nueve meses de su vida puede pensar en muchas cosas que van de la más ele-
vada especulación filosófica al rastrero anhelo de un plato de sopa, en total
correlación con el estado de ~~replección~~ oscuridad de su estomago; y si al mismo tiempo
es algo aventurero, en ese lapso puede ~~ocurrirle cosas~~ vivir momentos que talvez interesen a
otras personas y cuyo relato indiscriminado costituiría algo así como estas
notas.

Así, la moneda fué por el aire, dió muchas volteretas; cayó una vez
"cara" y alguna otra "seca" (el "cante" es una forma de equilibrio que el hombre
~~no adopta sino cuando está en fuga, como la moneda, hacia la alcantarilla de u-
na clase cualquiera~~). El hombre, medida de todas las cosas, habla aquí por mi
boca y relata en mi lenguaje lo que mis ojos vieron; a lo mejor sobre diez "ca-
ras" posibles solo vi una "seca", o viceversa, es ~~posible~~ probable y no hay atenuantes;
mi boca narra lo que mis ojos le contaron. Nuestra vista nunca fué panorámica,
siempre fugaz y no siempre equitativamente informada, los juicios son demasiado
terminantes; de acuerdo, pero esta es la interpretación que un teclado da al
conjunto de los impulsos que llevaron a apretar las teclas y esos fugaces impulsos han muerto. No hay sujeto sobre quien ejercer el peso de la ley. El
personaje que escribió estas notas murió al pisar de nuevo tierra Argentina,
el que las ordena y pule ~~algo~~ "yo", no soy yo; por lo menos no soy el mismo yo
interior. Ese vagar sin ~~norte~~ rumbo por nuestra "Mayúscula América" me ha ~~enseñado~~ cambiado
mas de lo que creí. Ante En cualquier libro de técnica fotográfica se puede ver la
~~foto~~ imagen de un ~~preciso~~ paisaje nocturno en el que brilla la luna llena y cuyo texto ex-
plicativo nos revela el secreto de ese ~~nocturno a medio día~~ oscuridad plena tal, pero la naturale-
za del baño sensitivo conque está cubierta mi retina no es bien conocida por ~~nadie~~ el lector
apenas ~~yo~~ la intuyo, de modo que no se puedan hacer correcciones sobre la pla-
ca para averiguar el momento real en que fué sacada. Si presento un nocturno
creanlo o revienten, poco me importa, que si no conocen personalmente el paisaje fotografiado por mis notas, difícilmente conocerán otra verdad que las que
les cuento aquí. Ahora Los dejo con mi mismo; el que fuí... ahora

San Martín de los Andes

Die Straße schlängelt sich zwischen den flachen Hügeln hindurch, die kaum erkennen lassen, dass hier das Hochgebirge beginnt, und führt jäh hinab, bis sie in einem trübseligen, ziemlich hässlichen Dorf mündet, das jedoch inmitten von wunderschönen, üppig bewachsenen Bergen liegt. Es zieht sich am Lacarsee entlang, einer schmalen Wasserzunge von 500 Metern Breite und 35 Kilometern Länge, in deren tiefem Blau sich das gelbliche Grün der bis an das Wasser hinabreichenden Berghänge spiegelt. San Martín de los Andes siegte über alle klimatischen Beschwernisse und den Mangel an Verkehrswegen an dem Tag, als es für den Tourismus »entdeckt« wurde; damit war seine Existenz gesichert.

Unser erster Vorstoß auf eine staatliche Poliklinik scheiterte gründlich, wir bekamen aber den Hinweis, dass wir einen ähnlichen Versuch bei der Verwaltung der Nationalparks unternehmen könnten. Deren Leiter kam zufällig gerade vorbei und gewährte uns sogleich Unterkunft in einem Werkzeugschuppen, der zu seiner Zweigstelle gehörte. In der Nacht kam der Wächter, ein Dicker von fast drei Zentnern und mit kugelsicherem Gesicht, er behandelte uns sehr freundlich und erlaubte uns, in seiner Bude zu kochen. Diese Nacht verbrachten wir ganz ausgezeichnet. Wir schliefen gut zugedeckt im Stroh, mit dem der Schuppen voll gestopft war, genau das Richtige in diesen Gegenden, wo die Nächte empfindlich kalt sind.

Wir kauften ein Stück Rinderbraten und machten uns auf eine Wanderung am See entlang. Im Schatten der riesigen Bäume, in denen die Wildnis noch nicht dem Druck der mit Gewalt über sie hereinbrechenden Zivilisation erlegen war, schmiedeten wir den Plan, nach Rückkehr von unserer Tour am Ufer des Sees ein Laboratorium einzurichten. Wir träumten von den großen, aufs Wasser hinausgehenden Fenstern, wenn der Winter die Erde in Weiß hüllt; vom Dingi, das notwendig sein würde, um von einer Seite auf die andere zu gelangen; vom Angeln und von endlosen Exkursionen durch die fast unberührten Berge.

Danach verspürten wir große Lust, an irgendeinem dieser prachtvollen Flecken Erde zu bleiben, doch der Urwald des Amazonas rief uns laut und klopfte unüberhörbar an die Pforten unseres sesshaften Ichs. Auch wenn ich inzwischen mit fast fatalistischer Ergebung weiß, dass es mein Schicksal ist zu reisen – unser Schicksal, besser gesagt, denn Alberto ist genauso wie ich –, gibt es Augenblicke, da ich mit tiefer Sehnsucht an die wunderschönen Landstriche im Süden unseres Landes zurückdenke. Vielleicht werde ich mich eines Tages, des Herumirrens müde, auf diesem Stück argentinischer Erde niederlassen, und wenn schon nicht für immer, so werde ich das Gebiet der Anden-Seen doch zumindest als Durchgangsstation auf dem Weg zu einem neuen Weltverständnis wieder besuchen und dort wohnen.

Bei hereinbrechender Dunkelheit machten wir uns auf den Rückweg. Es war schon Nacht, als wir ankamen und von Don Pedro Olate, dem Dicken, mit einem knusprigen Braten überrascht wurden. Wir kauften Wein, um uns für die Bewirtung zu revanchieren, und aßen, zur Abwechslung einmal, mit Löwenhunger. Als wir davon sprachen, wie gut der Braten schmecke und dass wir in der unvergleichlichen Art, wie wir ihn in Argentinien zubereiten, bald keinen mehr zu essen bekämen, sagte uns Don Pedro, man habe ihm angeboten, für die Autorennfahrer, die am Sonntag zu einem Rennen in den Ort kommen würden, das Grillen zu übernehmen. Er brauchte zwei Gehilfen und fragte uns, ob wir Lust dazu hätten.

»Geld kann ich euch vermutlich nicht geben, aber ihr könnt ein bisschen von dem Fleisch für später abzweigen.«

Wir fanden die Idee gut und übernahmen die Arbeit eines ersten und zweiten Gehilfen des »Vaters der Bratspieße des argentinischen Südens«.

Der Sonntag wurde von beiden Gehilfen mit fast religiöser Sehnsucht erwartet. An diesem Tag begannen wir um sechs Uhr morgens mit unserer Arbeit. Wir halfen, das Brennholz auf den Lkw zu laden, der es an den Ort brachte, wo der Bratrost stand, und waren bis um elf vollauf beschäftigt. Dann wurde das Startsignal gegeben, und alle stürzten sich gierig auf die leckeren Rippchen.

Das Regiment führte eine sehr merkwürdige Person, die ich immer respektvoll mit Señora ansprach, bis mich einer der Gäste warnte: »He, du, che, reiz Don Pendón nicht zu sehr, er kann ziemlich böse werden.«

»Wer ist denn Don Pendón?«, fragte ich mit einer Geste, die als Ausdruck schlechter Manieren gilt. Die Antwort, Don Pendón sei die »Señora«, ließ mir das Blut in den Adern stocken, aber nicht für lange.

Fleisch gab es, wie stets bei solchen Gelegenheiten, mehr als genug, so dass wir ausgiebig die Möglichkeit hatten, unser Talent zum Horten zu beweisen. Außerdem verfolgten wir einen sorgfältig ausgetüftelten Plan. Ich tat so, als würde ich immer betrunkener, und ging alle paar Minuten schwankend zum Bach, unter der Lederjacke eine Flasche Roten. Nach fünf solchen Anfällen von Trunkenheit hatten wir ebenso viele Liter Rotwein auf die Seite gebracht, versteckt im kühlen Bach unter den Zweigen einer Trauerweide. Als alles vorbei war und der Moment kam, die Sachen auf den Lkw zu laden und ins Dorf zurückzukehren, arbeitete ich, wie es meine Rolle verlangte, nur unter Murren, stritt mich mit Don Pendón herum und lag schließlich im Gras, unfähig, auch nur noch einen Schritt zu tun. Alberto, als guter Freund, entschuldigte mich beim Chef und blieb, als der Lkw losfuhr, bei mir. Als sich der Motorlärm in der Ferne verlor, galoppierten wir wie junge Hengste zu unserem Versteck, um den Wein zu holen, der uns ein paar Tage in königlichem Saus und Braus garantieren würde. Alberto stürzte als Erster zur Weide. Er machte ein Gesicht wie der Held in einem tragikomischen Film. Nicht eine Flasche befand sich mehr im Versteck. Meine gespielte Trunkenheit hatte niemanden hinters Licht führen können, oder jemand hatte mich beim Klauen beobachtet, jedenfalls standen wir mit leeren Händen da, wie immer, und versuchten uns an jedes Gelächter, mit dem sie meine Vorstellungen als Betrunkener quittiert hatten, zu erinnern, um in einem davon die Schadenfreude über den bestohlenen Dieb zu erkennen. Doch ohne Ergebnis. Bepackt mit etwas Brot und Käse und ein paar Kilo Fleisch mussten wir zu Fuß ins Dorf zurücklaufen. Wir hatten gut gegessen und gut getrunken, waren aber furchtbar deprimiert, nicht so sehr wegen des Weins, sondern wegen des Streichs, den man uns gespielt hatte. Einfach unglaublich!

Die *Poderosa II*, eine weitere Rocinante.
Córdoba, 1951

In den argentinischen Anden, Januar 1952

Auf der Strasse der Sieben Seen

Wir beschlossen, die Route nach Bariloche zu nehmen, die wegen der Seen, an denen man unterwegs vorbeikommt, »Straße der Sieben Seen« heißt. Und im Schneckentempo der »Poderosa« legten wir die ersten Kilometer mit keinen weiteren Scherereien als ein paar kleineren Pannen zurück, bis die Nacht bedrohlich näher rückte und wir uns, um im Häuschen des Straßenwärters schlafen zu dürfen, der alten Geschichte vom Scheinwerfer besannen, der bei einem Sturz kaputtgegangen sei – eine nützliche Notlüge, denn die Kälte machte sich in dieser Nacht mit ungewöhnlicher Härte bemerkbar. Es herrschte eine solche Eiseskälte, dass bald darauf ein Mann auftauchte, um sich eine Decke zu leihen. Er und seine Frau zelteten am Seeufer und kamen fast um vor Kälte. Wir begleiteten den Mann zu seinem Zelt und tranken mit dem standhaften Paar Mate-Tee. Die beiden kampierten schon eine ganze Weile im Seegebiet, ausgerüstet mit einem Bergzelt und nur so viel Gepäck, wie in ihre Rucksäcke passte. Sie beschämten uns geradezu.

Wir machten uns wieder auf den Weg und fuhren an größeren und kleineren Seen entlang, die von uralten Wäldern umstanden waren. Der Duft der Natur kitzelte unsere Nase, doch es passierte etwas Merkwürdiges: Ekel kommt auf vor lauter See und Wald und einsamen Häuschen mit gepflegten Vorgärten. Der oberflächliche Blick auf eine Landschaft erfasst nur ihre langweilige Gleichförmigkeit und dringt nicht zum Wesen einer Gegend vor; dafür müsste man mehrere Tage dort bleiben.

Schließlich erreichten wir den nördlichsten Punkt des Sees Nahuel Huapi und übernachteten an seinem Ufer, zufrieden und mehr als satt vom Gebratenen, das wir gegessen hatten. Als wir die Fahrt fortsetzen wollten, merkten wir, dass das Hinterrad einen Platten hatte, und es begann ein verbissener Kampf mit dem Schlauch: Jedes Mal, wenn wir ihn flickten, machten wir an anderer Stelle ein neues Loch hinein, bis wir die Flickerei aufgaben und wir uns gezwungen sahen, an dem Ort, an dem wir gefrühstückt hatten, zu übernachten. Ein österreichischer Verwalter, der in seiner Jugend Motorradrennfahrer gewesen war und zwischen seinem Wunsch, Kollegen aus der Patsche zu helfen, und seiner Angst vor der Chefin hin- und hergerissen war, bot uns an, in einem leer stehenden Schuppen zu übernachten. Radebrechend erzählte er uns, dass es in der Gegend einen chilenischen Puma gab.

»Und Pumas sind wild, sie greifen Menschen an, ohne jede Angst! Sie haben eine riesige, helle Mähne ...«

Als wir die Schuppentür abschließen wollten, merkten wir, dass nur ihr unterer Teil verschließbar war, es handelte sich um eine Art Pferdebox. Ich legte unseren Revolver ans Kopfende, falls der chilenische Puma, der in unserem Kopf herumgeisterte, sich entschließen sollte, uns mit einem Mitternachtsbesuch zu überraschen.

Es wurde schon langsam hell, als ich von einem Kratzen an der Tür wach wurde. Alberto neben mir hielt den Atem an. Ich umklammerte den entsicherten Revolver und blickte in zwei phosphoreszierende Augen, die sich gegen die Umrisse der Bäume abhoben. Mit der Sprungkraft der Raubkatze schossen sie aus der Dunkelheit hervor, während der schwarze Schatten des geduckten Körpers über der Tür sichtbar wurde. Es war purer Selbsterhaltungstrieb, der mein Denken ausschaltete und mich abdrücken ließ. Der Knall hallte an den Wänden wider, eine Laterne leuchtete auf, und wir hörten, wie man verzweifelt nach uns rief. Doch unser schüchternes Schweigen hatte seinen guten Grund: Wir ahnten schon, wie der Verwalter mit seiner Stentorstimme brüllen und seine Frau hysterisch schluchzen würde, über den Kadaver Bobbys gebeugt, des widerlichen, ewig knurrenden Köters.

Am nächsten Tag fuhr Alberto nach Angostura, um den Reifen reparieren zu lassen. Ich würde bis zu seiner Rückkehr die Nacht unter freiem Himmel verbringen müssen. Ich brachte es nicht fertig, in einem Haus, in dem wir als Mörder galten, um Obdach zu bitten. Ein Straßenwärter nahm mich dann aber doch bei sich auf, nicht weit von der Stelle, an der das Motorrad stand, und ließ mich zusammen mit einem Freund von ihm in der Küche schlafen. Gegen Mitternacht hörte ich, dass es regnete, und wollte hinausgehen, um das Motorrad mit einer Plane abzudecken. Da die Felldecke, die mir als Kopfkissen diente, meinem Asthma zusetzte, wollte ich mir vorher noch einmal mit dem Inhaliergerät Erleichterung verschaffen, als mein Zimmergenosse von dem Geräusch aufwachte, aber mucksmäuschenstill liegen blieb. Ich erahnte seinen Körper, starr unter der Decke, mit dem Messer in der Hand, ohne dass er zu atmen wagte. Mit der Erfahrung der vorangegangenen Nacht rührte ich mich nicht. Ich hatte Angst vor seinem Messer, womöglich waren Sinnestäuschungen in dieser Gegend ansteckend.

Das Lächeln der Mona Lisa

Ein neuer Abschnitt unseres Abenteuers hatte begonnen. Wir waren es gewohnt gewesen, mit unserem sonderbaren Aufzug und der prosaischen Gestalt der »Poderosa II.«, deren asthmatisches Keuchen das Mitleid unserer Gastgeber erregte, für Aufsehen zu sorgen, aber bis zu einem gewissen Grade waren wir doch Ritter der Landstraße gewesen. Wir hatten dem uralten Adel der Vagabunden angehört, mit Titeln auf unserer Visitenkarte, die unweigerlich beeindruckten. Jetzt aber waren wir nichts weiter als zwei Landstreicher mit Bündeln auf dem Rücken, die Overalls verkrustet vom Dreck der Straße, nur noch Schatten unseres vergangenen aristokratischen Selbst.

Der Fahrer des Lastwagens hatte uns im oberen Teil der Stadt aussteigen lassen, am Stadtrand, und mit müdem Schritt gingen wir nun die Straße hinunter, unsere Siebensachen hinter uns herschleifend, verfolgt von den amüsierten oder gleichgültigen Blicken der Leute. Im Hafen glänzten fern und verlockend die Schiffe, und das Meer, schwarz und vertraut, rief uns mit seinem schweren Geruch, der unsere Nasenflügel blähte. Wir kauften Brot –

Brot, das uns in diesem Moment so teuer schien und an das wir später dann doch so billig kommen sollten – und liefen weiter, hinunter in die Stadt. Alberto sah man an, wie müde er war, und ich ließ mir zwar nichts anmerken, aber die Müdigkeit steckte mir ebenso in den Knochen, so dass wir, als wir an einem Bus- und Lkw-Parkplatz vorbeikamen, dem Wächter mit Leidensmiene die Entbehrungen schilderten, die wir auf dem Weg von Santiago hatten erleben müssen. Der Alte gab uns einen Platz zum Schlafen, auf ein paar Brettern, in Gesellschaft etlicher jener Parasiten, deren Namen auf hominis endet; aber immerhin hatten wir ein Dach über dem Kopf, und entschlossen legten wir uns schlafen.

Unsere Ankunft hatte jedoch ein Landsmann mitbekommen, der in der dahinter liegenden Kneipe saß und es gar nicht abwarten konnte, uns zu sich zu rufen, um unsere Bekanntschaft zu machen. In Chile jemanden kennen lernen heißt ihn einladen, und wir waren beide nicht in der Verfassung, der Verlockung zu widerstehen. Der Argentinier erwies sich als zutiefst getränkt vom Geist des Bruderlandes

und hatte folglich schon starke Schlagseite. Ich hatte so lange keinen Fisch mehr gegessen, der Wein schmeckte so gut, und der Mann war so freigebig, kurz, wir aßen und tranken gut und reichlich, und er lud uns für den nächsten Tag zu sich nach Hause ein.

Am frühen Morgen schon öffnete das »Mona Lisa« ihre Pforten, wir tranken unseren Mate und unterhielten uns mit dem Wirt, der sich sehr für unsere Reise interessierte. Danach ging es in die Stadt. Valparaíso erhebt sich malerisch über der Bucht; je mehr es gewachsen ist, desto höher ist es die aus dem Meer ragenden Berge hinaufgeklettert. Die merkwürdig museale, an eine Irrenanstalt erinnernde Schönheit seiner stufenförmigen, durch serpentinenartige Treppen und Drahtseilbahnen verbundenen Zinkarchitektur wird noch verstärkt durch den Kontrast der verschiedenen Farben der Häuser, die sich mit dem bleiernen Blau der Bucht vermischen. Mit der Geduld von Pathologen schnüffelten wir auf den schmierigen Treppchen und in den finstersten Löchern herum, wir redeten mit den Bettlern, von denen es nur so wimmelte, wir horchten das Innere der Stadt ab, es waren die faulen Ausdünstungen, die uns anzogen. Unsere gierigen Nasen saugten das Elend mit sadistischer Inbrunst ein.

Monate fuhr kein einziges Schiff dorthin. Wir bekamen vage Auskünfte über Flugzeuge, die einmal im Monat flogen.

Wir versuchten, direkten Kontakt zu den Ärzten aus Petrohué aufzunehmen, doch sie waren immer beschäftigt und hatten keine Zeit, um sich auf eine Verabredung einzulassen. Trotzdem hatten wir schon ziemlich genau herausbekommen, wo wir sie finden konnten. Am Nachmittag teilten wir uns auf: Während sich Alberto an ihre Fersen heftete, ging ich zu einer alten, asthmakranken Frau, die auch Kundin im »Mona Lisa« war.

Die Arme konnte einem Leid tun, in ihrem Zimmer hing ein scharfer Geruch nach saurem Schweiß und ungewaschenen Füßen, vermischt mit dem Staub einiger alter Lehnstühle, die den einzigen Luxus im Hause darstellten. Zu ihrem schweren Asthma kam ein chronisches Herzleiden hinzu. Dies sind die Fälle, da sich ein Arzt seiner ganzen Ohnmacht den sozialen Bedingungen gegenüber bewusst wird. Er wünscht sich eine Veränderung der Verhältnisse, etwas, das die Ungerechtigkeit beseitigt, die dafür gesorgt hatte, dass diese arme alte Frau bis vor einem Monat als Kellnerin arbeiten musste, um ihren Lebensunterhalt zu verdienen, sie hatte sich halb tot geschuftet, aber im Leben immer ihre Würde bewahrt. Es ist die Anpassung an das soziale Milieu, die dazu führt, dass bei den Armen einem Familienmitglied, das nicht mehr in der Lage ist, für den eigenen Lebensunterhalt zu sorgen, eine Atmosphäre kaum verhüllter Abweisung entgegenschlägt. In diesem Moment hört man auf, Vater, Mutter, Bruder oder Schwester zu sein, und wird zu einem negativen Faktor im Kampf ums Überleben, der den Groll der Gemeinschaft der Gesunden auf sich zieht. Sie werfen dem kranken Familienmitglied die Krankheit vor, so als wäre sie eine persönliche Beleidigung derjenigen, die für seinen Unterhalt aufkommen müssen. In jenen letzten Momenten von Menschen, die nie über den nächsten Tag hinaus gedacht haben, erfährt man die Tragödie, in der das Leben des Proletariats der ganzen Welt gefangen ist. In jenen brechenden Augen liegt eine unterwürfige Bitte um Verzeihung und oftmals auch eine verzweifelte Bitte um Trost, die sich im Leeren verliert, wie sich schon bald auch der Körper des Menschen in der Erhabenheit des Geheimnisses, das uns umgibt, verlieren wird. Wie lange dieses System, das auf einem absurden Kastengeist beruht, noch fortbestehen wird, weiß ich nicht zu sagen. Es ist aber an der Zeit, dass die Regierenden weniger Mühe auf die Propagierung der Wohltaten ihres Regimes verwenden und mehr Geld, viel mehr Geld darauf, Werke von gesellschaftlichem Nutzen zu vollbringen.

Viel konnte ich für die Kranke nicht tun. Ich empfahl ihr eine halbwegs vernünftige Diät und verschrieb ihr ein harntreibendes Mittel sowie ein Pulver gegen das Asthma. Ich hatte noch ein paar Dramamina-Tabletten bei mir, die ich ihr schenkte. Als ich ging, verfolgten mich die Dankesworte der alten Frau und die gleichgültigen Blicke der Familienangehörigen.

Diesmal geht's schief

Ich sehe ihn noch deutlich vor mir, den betrunkenen Kapitän und seine ebenso betrunkenen Offiziere und den schnauzbärtigen Kapitän des Nachbarschiffs, ihre mürrischen Mienen wegen des schlechten Weins. Und ihr schallendes Gelächter, wenn sie immer und immer wieder von unserem letzten Husarenstück erzählten. «Hör mal, das sind richtige Pumas, die sind jetzt bestimmt auf deinem Schiff, wirst schon sehen, wenn du erst auf offener See bist!» So oder so ähnlich musste es der Kapitän seinem Kollegen und Freund berichtet haben. Wir aber hörten nichts, es war nur noch eine Stunde, bis das Schiff ablegen würde. Wir waren bestens untergekommen, inmitten von Tonnen duftender Melonen, an denen wir uns gütlich taten. Die gründlich abgeknabberten Melonenschalen schwammen wie aufgefädelt auf der ruhigen See. Wir unterhielten uns darüber, was für tolle Kerle diese »Seebären« seien, war doch einer unter ihnen, mit dessen Hilfe wir an Bord gekommen waren und der uns an einem so sicheren Ort verstecken konnte, als wir eine wütende Stimme hörten und wie aus dem Nichts ein uns riesenhaft dünkender Schnauzbart auftauchte und uns einen fürchterlichen Schrecken einjagten. Der Rest war schmachvoll. Später sagte uns der Matrose:

»Ich hätte ihn ja abgelenkt, Jungs, aber der Kapitän hat die Melonenschalen gesehen, und da fing er sofort an herumzuschreien, alle Schotten dicht, keiner verlässt das Schiff ... Na ja«, es schien ihm fast peinlich zu sein, »ihr hättet eben nicht so viele Melonen essen sollen, Jungs!«

Einer unserer Kumpane von der »San Antonio« fasste seine ganze brillante Lebensphilosophie in dem liebenswürdigen Satz zusammen: »Jetzt habt ihr euch ganz schön ins Hemd geschissen, ihr Scheißer, warum lasst ihr nicht den Scheiß und verpisst euch in euer beschissenes Land?« Und etwas in der Art taten wir denn auch: Wir nahmen unseren Plunder und beschlossen, nach Chuquicamata zu fahren, zu den berühmten Kupferminen.

Aber nicht auf direktem Wege. Wir mussten einen Tag warten, um bei der Direktion eine Besuchserlaubnis für die Mine einzuholen, und wurden währenddessen von den trinkfesten Seeleuten angemessen verabschiedet.

Ausgestreckt im mageren Schatten zweier Lichtmasten am Anfang der ausgedörrten Straße, die zu den Kupfervorkommen führte, verbrachten wir einen guten Teil des Tages damit, uns hin und wieder etwas zuzurufen, bis sich auf der Straße ein asthmatischer kleiner Laster abzeichnete, der uns die Hälfte der Wegstrecke mitnahm, zu einem Dorf, das Baquedano hieß.

Dort freundeten wir uns mit einem chilenischen Arbeiterehepaar an, zwei Kommunisten. Bei Kerzenlicht tranken wir Mate und aßen Brot mit Käse. Die abgemagerten Gesichtszüge des Arbeiters verliehen ihm einen etwas geheimnisvollen, tragischen Ausdruck, in seiner einfachen, kraftvollen Sprache erzählte er von seinem dreimonatigen Gefängnisaufenthalt, von seiner hungernden Frau, die ihm mit beispielhafter Treue folge, von seinen Kindern, die sie im Hause eines mitleidigen Nachbarn zurückgelassen hatten, von

seinem vergeblichen Umherziehen auf der Suche nach Arbeit, von den auf mysteriöse Weise verschwundenen Genossen, von denen es hieß, man habe sie ins Meer geworfen.

Dieses Paar, so wie es da in der Kälte der Wüstennacht starr zusammenkauerte, war eine Verkörperung des Proletariats in welchem Land der Welt auch immer. Sie hatten nicht einmal eine erbärmliche Decke, mit der sie sich hätten wärmen können, so dass wir ihnen eine von uns gaben und, so gut es ging, unter die andere krochen. Es war eine Nacht, in der ich fror wie selten im Leben, in der ich mich aber auch dieser mir so fremden Spezies Mensch ein bisschen verwandt fühlte.

Um acht Uhr morgens fanden wir einen Lastwagen, der uns in das Dorf Chuquicamata bringen würde, und wir trennten uns von dem Ehepaar, das versuchen wollte, in die Schwefelminen der Anden zu gelangen, dorthin, wo das Klima so rau ist und die Lebensbedingungen so hart sind, dass man kein Arbeitsbuch braucht und einen niemand nach seinen politischen Ansichten fragt. Das Einzige, was zählt, ist die Bereitschaft des Arbeiters, im Tausch gegen ein paar Brosamen, die ihn vor dem Verhungern retten, seine Gesundheit zu ruinieren.

Auch nachdem sich die verschwommene Silhouette des Paares in der Ferne verloren hatte, sahen wir noch immer das seltsam entschlossene Gesicht des Mannes vor uns und erinnerten uns an seine treuherzige Einladung, womit er im Grunde seine Verachtung für Parasiten ausdrückte, die er in uns ziellos herumstromernden Gesellen sah:

Auf dem Weg nach Chile an Bord der San Antonio, Februar 1952

»Kommt, Genossen, lasst uns zusammen essen, kommt, ich bin auch ein Vagabund.«

Es schmerzt zu sehen, wie Menschen wie diese unterdrückt werden. Abgesehen davon, ob nun das »kommunistische Ungeziefer«, das aus dem Leben eines Gemeinwesens hervorgeht, eine Gefahr darstellt oder nicht, so handelte es sich hier um nichts anderes als um die natürliche Sehnsucht nach etwas Besserem, um einen Protest gegen den chronischen Hunger, einen Protest, verwandelt in Liebe zu dieser fremdartigen Lehre, deren Kern er nicht verstehen konnte, deren Deutung »Brot für den Armen« jedoch Worte sind, die diesen Menschen erreichten, um so mehr, als sie seinem Leben einen Sinn verliehen.

Und bei den Minen die Herren, die arroganten und tüchtigen blonden Verwalter, die uns in gebrochenem Spanisch zu verstehen gaben: »Das hier ist kein Ort für Touristen, ich werde Ihnen jemanden mitgeben, der Sie eine halbe Stunde lang durch die Anlagen führt, und danach tun Sie uns bitte den Gefallen und stören uns nicht weiter bei der Arbeit, wir haben zu tun.« Ein Streik lag in der Luft. Und unser Führer, getreuer Hund der Yankee-Bosse, sagte zu uns: »Diese Idioten von Gringos! Verlieren lieber jeden Tag Tausende von Pesos bei einem Streik, als dass sie einem armen Arbeiter ein paar Centavos mehr geben. Wenn mein General Ibáñez an die Macht kommt, wird Schluss damit sein.« Und ein dichtender Aufseher: »Das sind die berühmten Terrassen, die den vollständigen Abbau der Kupfererzes ermöglichen. Viele Leute wie Sie fragen mich nach technischen Dingen, doch es ist selten, dass sich jemand dafür interessiert, wie viele Menschenleben das alles gekostet hat. Ich kann es Ihnen nicht sagen, aber vielen Dank für die Frage, meine Herren Doktoren.«

Kühle Tüchtigkeit und ohnmächtiger Zorn gehen in der großen Mine Hand in Hand, trotz des Hasses vereint durch den gemeinsamen Überlebenswillen und weil sie aufeinander angewiesen sind. Wir werden sehen, ob eines Tages ein Grubenarbeiter seine Pike mit Spaß in die Hand nehmen und seine Lungen mit bewusster Freude vergiften wird. Es heißt, dort, woher das rote Leuchten kommt, das heute die Welt erhellt, soll es so sein. Ich weiß es nicht.

Chile, aus der Ferne betrachtet

Beim Verfassen dieser Reisenotizen schrieb ich in der Hitze meiner ersten Begeisterung und unter den noch frischen Eindrücken ein paar Ungereimtheiten und war, glaube ich, im Allgemeinen recht weit von dem entfernt, was ein wissenschaftlicher Geist billigen kann. Es geht mir allerdings nicht darum, jetzt, ein Jahr nachdem ich sie aufgeschrieben habe, meine gegenwärtigen Ansichten über Chile zu vermitteln, sondern vielmehr darum, das bereits Geschriebene Revue passieren zu lassen.

Fangen wir an mit unserem Fachgebiet, der Medizin: Der allgemeine Zustand des chilenischen Gesundheitswesens lässt viel zu wünschen übrig (später erfuhr ich, dass es dem vieler Länder, die ich noch kennen lernen sollte, weit überlegen ist). Es gibt nur sehr wenige völlig kostenlose Krankenhäuser, und in denen sieht man Anschläge wie diesen: »Warum beschweren Sie sich über die Behandlung, wenn Sie nichts zum Unterhalt dieses Krankenhauses beitragen?« Dennoch gibt es im Norden Möglichkeiten, sich unentgeltlich behandeln zu lassen; meistens jedoch muss man bezahlen, was von wirklich lächerlichen Beträgen bis hin zu wahren Monumenten des legalen Diebstahls reichen kann. In der Mine von Chuquicamata erhalten die Arbeiter bei Unfall oder Krankheit medizinische Hilfe und Krankenhausbehandlung für die Summe von fünf chilenischen Escudos täglich; die stationär behandelten Patienten, die nicht zum Betrieb gehören, bezahlen dagegen zwischen 300 und 500 Escudos täglich. Die Krankenhäuser sind arm, sie verfügen im Allgemeinen über keine Medikamente und keine geeigneten Einrichtungen. Wir haben schlecht beleuchtete und sogar schmutzige Operationssäle gesehen, und das nicht nur in irgendwelchen Provinznestern, sondern auch in Valparaíso. Das medizinische Gerät ist unzureichend. Die Toiletten sind schmutzig. Es mangelt in diesem Land an Hygienebewusstsein. In Chile (und später sah ich es praktisch in ganz Lateinamerika) gibt es die Angewohnheit, das Toilettenpapier nicht in das Klobecken, sondern daneben zu werfen, einfach auf den Boden oder in dafür bereitgestellte Kübel.

Der Lebensstandard in Chile ist niedriger als der in Argentinien. Zu den sehr niedrigen Löhnen kommen im Süden Chiles die hohe Arbeitslosigkeit und der geringe Schutz der Arbeiter von Seiten der Behörden hinzu (der allerdings immer noch besser ist als im nördlichen Südamerika). Dadurch werden wahre Auswanderungswellen nach Argentinien ausgelöst, das den Bewohnern auf der westlichen Seite der Anden durch eine geschickte politische Propaganda als das erträumte Eldorado hingestellt wird. Im Norden wird dem Arbeiter in den Kupfer-, Salpeter- und Goldminen mehr gezahlt, doch ist das Leben dort wesentlich teurer. Es herrscht ein allgemeiner Mangel an Artikeln des Grundbedarfs, und das Klima in den Bergen ist sehr rau. Ich weiß noch, wie ein Direktor der Mine Chuquicamata vielsagend mit den Schultern zuckte, als ich ihn nach Entschädigungen für die Familien der 10.000 oder mehr Arbeiter fragte, die auf dem Friedhof des Ortes begraben sind.

Die politische Situation ist verwirrend (diese Zeilen wurden vor den Wahlen geschrieben, aus denen Ibáñez als Sieger hervorgehen sollte). Es gibt vier Anwärter auf das Präsidentenamt, von denen Carlos Ibáñez del Campo die besten Aussichten zu haben scheint; er ist ein Militär im Ruhestand mit diktatorischen Tendenzen und politischen Ansichten ähnlich denen Peróns, der als Caudillo das Volk zu begeistern versteht. Ibáñez stützt sich auf die Sozialistische Volkspartei, der sich verschiedene kleinere Gruppierungen angeschlossen haben. Den zweiten Platz wird meiner Ansicht nach Pedro Enrique Alfonso belegen, der politisch undurchsichtige Kandidat der Militärs und, wie es aussieht, Freund der Amerikaner, der sich mit den übrigen Parteien zu arrangieren versucht. Der Fahnenträger der Rechten ist Arturo Matte Larraín, ein Potentat, Schwiegersohn des verstorbenen Präsidenten Allesandri; er kann mit der Unterstützung aller reaktionären Teile der Bevölkerung rechnen. Dann gibt es noch Salvador Allende, den Kandidaten der Volksfront, der die Unterstützung der Kommunisten

genießt. Seine Anhängerschaft muss ohne die 40.000 Stimmen derjenigen auskommen, denen als Mitglieder dieser Partei das Wahlrecht aberkannt wurde.

Ibáñez wird vermutlich eine Politik des »Latinoamericanismo« verfolgen und sich den Hass auf die Vereinigten Staaten zu Nutze machen, um Popularität zu erlangen und die Nationalisierung der Kupferminen und anderer Bergwerke durchzusetzen (das Wissen um die riesigen, praktisch förderungsbereiten Vorkommen, über die die Amerikaner in Peru verfügen, hat meine Zuversicht, dass die Nationalisierung dieser Bergwerke durchführbar ist, sehr viel geringer werden lassen, zumindest was die nächste Zeit angeht), er will die Nationalisierung des Eisenbahnnetzes abschließen und den argentinisch-chilenischen Handelsaustausch erheblich erweitern.

Chile ist ein Land, das jedem Menschen guten Willens, der nicht zum Proletariat gehört, Aufstiegschancen bietet, vorausgesetzt, er verfügt über ein gewisses Maß an Kultur und technischer Ausbildung für seine Arbeit. Es besitzt

auf seinem Territorium die Voraussetzungen, um eine hinreichende Stückzahl an Vieh (Schafe vor allem) zu halten, produziert genug Getreide, um in etwa den Eigenbedarf zu decken, und hat Erzvorkommen, um ein starkes Industrieland zu werden: Eisen, Kupfer, Steinkohle, Zinn, Gold, Silber, Mangan und Salpeter. Die größte Anstrengung, die Chile unternehmen muss, wird darin bestehen, den unbequemen Yankee-Freund abzuschütteln, und das ist zumindest gegenwärtig wegen der vielen investierten Dollars und des starken wirtschaftlichen Drucks, den die Amerikaner ausüben können, sobald sie ihre Interessen bedroht sehen, eine Herkulesarbeit.

Der Nabel der Welt

Die Worte, die Cuzco am besten beschreiben, sind »Heraufbeschwörung der Vergangenheit«. Ein nicht greifbarer Staub von Jahrhunderten liegt über Cuzcos Straßen und steigt auf als wabernder Morast, wenn man seinen Grund betritt. Es gibt jedoch zwei oder drei Cuzcos, besser gesagt, zwei oder drei Wege, seine Vergangenheit heraufzubeschwören: Als Mama Ocllo den Goldenen Schlüssel auf die Erde fallen ließ und sich dieser vollständig in sie eingrub, wussten die ersten Inka, dass hier der Ort war, den Viracocha zum ständigen Wohnsitz seiner Lieblingskinder erkoren hatte, und sie beendeten ihr Nomadendasein, um als Eroberer in das verheißene Land zu kommen. Erfüllt vom Streben nach der Herrschaft über neue Länder sahen sie das riesige Reich wachsen, und ihr Blick glitt über das geringe Hindernis der angrenzenden Berge hinweg. Als sich die bekehrten Nomaden in Tahuantinsuyo ausbreiteten, befestigten sie das Zentrum der eroberten Territorien, den Nabel der Welt, Cuzco.

Und so entstand unter dem Zwang zur Verteidigung die imposante Festung Sacsahuamán, die von den Berghöhen aus die Stadt beherrschte und die Paläste und Tempel vor dem Zorn der Feinde des Reiches schützte. Dies ist das Cuzco, dessen Erinnerungen wehmütig über der Festung liegen, die der Unverstand der unkultivierten spanischen Eroberer schleifte, über den geschändeten und zerstörten Tempeln, den geplünderten Palästen, dem stumpfsinnig gewordenen Volk; es ist das Cuzco, das dazu einlädt, als Krieger mit der Keule in der Hand die Freiheit und das Leben der Inka zu verteidigen.

Doch es gibt ein zweites Cuzco, das man von oben sieht und das die zerstörte Festung verdrängt: das der roten Ziegeldächer, deren sanfte Gleichförmigkeit von der Kuppel einer Barockkirche durchbrochen wird und das uns beim Abstieg nur seine schmalen Gassen zeigt, mit der typischen Bekleidung seiner Bewohner und seinem Lokalkolorit. Es ist das Cuzco, das dazu einlädt, es als teilnahmsloser Tourist mit oberflächlichem Blick zu durchstreifen und sich an der Schönheit seines bleiernen Winterhimmels zu erfreuen.

Es gibt aber auch noch ein vor Leben vibrierendes Cuzco, dessen Denkmäler vom Heldenmut der Krieger zeugen, die diesen Landstrich eroberten; ein Cuzco, das in den Museen und Bibliotheken seinen Ausdruck findet, im Schmuck der Kirchen und in den hellen, scharf geschnittenen Gesichtszügen der weißen Herren, die noch heute den Stolz der Eroberer zur Schau tragen. Es ist das Cuzco, das dazu einlädt, das Schwert zu gürten und sich auf dem breiten Rücken eines Pferdes im kraftvollen Galopp seinen Weg durch das schutzlose Fleisch nackter Indios zu bahnen, deren Menschenmauer zu wanken beginnt und unter den Hufen des Tieres begraben wird.

Jedes Cuzco kann man getrennt bewundern, und jedem widmeten wir einen Teil unseres Aufenthalts.

Auf dem Weg zum Nabel der Welt.
El Cuzco, Peru, 1952

Der Herr der Beben

Von der Kathedrale soll man, wie erzählt wird, nach dem Erdbeben als Erstes das Läuten der María Angola gehört haben, einer berühmten Glocke, die zu den größten der Welt gehört und 27 Kilogramm Gold enthält. Sie soll von einer angesehenen Dame gestiftet worden sein, die María Angulo hieß, doch da der Name sich auf *culo* (Hintern) reimt, wählte man den Namen, den die Glocke jetzt trägt.

Die beim Erdbeben von 1950 eingestürzten Glockentürme der Kathedrale wurden auf Kosten des Franco-Regimes wieder aufgebaut, und die Musikkapelle bekam den Auftrag, zum Beweis der Dankbarkeit die spanische Nationalhymne zu spielen. Es erklangen die ersten Takte, und man sah, wie die rote Kopfbedeckung des Bischofs noch roter wurde, während er wie eine Marionette mit den Armen ruderte und schrie: »Aufhören, aufhören! Das ist die Falsche!« Und ein Spanier rief:

»Zwei Jahre Arbeit, und dann das!« Die Kapelle hatte – ich weiß nicht, ob absichtlich oder aus Versehen – die republikanische Hymne zu spielen begonnen.

Am Nachmittag verlässt der »Herr der Beben«, eine bronzene Christusstatue, seine Nische in der Kathedrale und wird durch die ganze Stadt getragen, eine Wallfahrt, die zu den wichtigsten Kirchen führt. Eine Schar von Tagedieben streitet sich darum, wer vor der Prozession die Blumen streuen darf, die an den Hängen der nahen Berge dicht an dicht wachsen und die die Eingeborenen *nucchu* nennen. Das grelle Rot der Blumen, die dunkle Bronzehaut der Christusfigur und das Silber des Tragealtars verleihen der Prozession das Aussehen eines heidnischen Festes, wozu noch die bunten Trachten der Indios beitragen, die zu dem feierlichen Anlass ihre schönsten traditionellen Trachten anziehen und damit einer

Kultur und Lebensweise Ausdruck verleihen, die noch über lebendige Werte verfügt. Von ihnen heben sich Indios in europäischer Kleidung ab, die Banner tragend an der Spitze der Prozession laufen. Ihre müden, erstarrten Gesichter scheinen ein Abbild derer zu sein, die nicht dem Aufruf von Manco II. gehorchen wollten und sich Pizarro beugten. Der gebrochene Stolz eines unabhängigen Volkes ließ sie in die Würdelosigkeit von Besiegten versinken.

Aus der Menge der Eingeborenen mit ihrer gedrungenen Statur ragt dann und wann am Straßenrand der Blondschopf eines Nordamerikaners heraus, der mit seinem Fotoapparat und seinem Freizeithemd in der Abgeschiedenheit des Inkareichs ein Sendbote aus einer anderen Welt zu sein scheint (und es tatsächlich auch ist).

Im Land der Inka, auf der Straße von Taratá nach Puno, Peru, 1952

Der Tag des heiligen Guevara

Am Sonnabend, dem 14. Juni 1952, wurde meine Wenigkeit vierundzwanzig Jahre alt. Es war der letzte Geburtstag vor dem folgenschweren Vierteljahrhundert, der Silberhochzeit mit dem Leben, das mich alles in allem nicht schlecht behandelt hatte. Gleich frühmorgens ging ich an den Fluss, um mein Glück bei den Fischen zu suchen, doch bei diesem Sport ist es wie beim Spiel: Wer am Anfang gewinnt, verliert danach. Nachmittags spielten wir Fußball, wobei ich auf meinem Stammplatz als Stürmer spielte, allerdings mit größerem Erfolg als die vorherigen Male. Abends, nachdem wir bei Doktor Bresciani gewesen waren, der uns zu einem köstlichen, reichlichen Essen eingeladen hatte, wurden wir in unserer Kantine mit Pisco bewirtet, dem peruanischen Nationalgetränk, dessen Auswirkungen auf das zentrale Nervensystem Alberto im Selbstversuch gründlich studierte. Als schon alle ein bisschen angesäuselt waren, brachte der Leiter der Kolonie sehr warmherzig einen Trinkspruch auf uns aus, und ich, dadurch animiert, gab etwa Folgendes zum Besten:

Nun, ich fühle mich verpflichtet, mich bei Dr. Bresciani für seinen Trinkspruch mit etwas mehr als nur einer konventionellen Geste zu bedanken. Unter den prekären Umständen unserer Reise bleibt uns als einziges Mittel, unseren Gefühlen Ausdruck zu verleihen, das Wort, und so will ich in meinem Namen und dem meines Reisegefährten Dank sagen. Er gilt dem gesamten Personal der Kolonie, das, fast ohne uns zu kennen, uns diesen großartigen Beweis von Sympathie entgegengebracht hat und meinen Geburtstag feiert, als wäre er das persönliche Fest einer der Ihren. Doch es gibt noch etwas anderes: In wenigen Tagen werden wir Peru verlassen, und darum sind diese Worte zugleich Worte des Abschieds. Ich möchte dem ganzen Volk dieses Landes herzlich dafür danken, dass es uns, seitdem wir in Tacna peruanischen Boden betreten haben, so reichlich bewirtet hat. Und ich möchte noch etwas hervorheben, was mich ein wenig vom Thema dieses Trinkspruchs wegführt. Auch wenn wir zu unbedeutend sind, um uns zu Sprechern der Sache Amerikas machen zu können, glauben wir, dass die Aufteilung Amerikas in labile, schimärische Nationen vollkommen fiktiv ist. Wir bilden ein einziges Volk von Mestizen, das von Mexiko bis zur Magellanstraße beachtliche ethnische Ähnlichkeiten aufweist. Darum versuche ich mich von jedem engstirnigen Provinzialismus zu befreien und stoße auf Peru und das Vereinigte Lateinamerika an.

Meine Rede wurde mit großem Beifall aufgenommen. Das Fest, bei dem es in dieser Region darauf ankommt, die größtmögliche Menge Alkohol zu trinken, ging noch bis morgens um drei weiter, dann strichen wir endgültig die Segel.

Dieses seltsame 20. Jahrhundert

Der schlimmste Teil meines Asthmaanfalls ist vorbei, ich fühle mich fast gut, trotzdem greife ich dann und wann zu dem französischen Inhaliergerät, meiner neuesten Errungenschaft. Alberto fehlt mir außerordentlich. Es kommt mir so vor, als sei ich jedem nur denkbaren Angriff schutzlos ausgeliefert. Alle Augenblicke schießt mir irgendeine Beobachtung durch den Kopf, die ich ihm mitteilen möchte, und dann wird mir seine Abwesenheit bewusst.

Eigentlich kann ich mich ja nicht beklagen: fürsorgliche Aufmerksamkeit, gutes und reichliches Essen sowie die Hoffnung, bald zurückzukehren, um das Studium fortzusetzen und eines schönen Tages meinen Doktortitel zu erhalten, und doch macht mich der Gedanke daran, mich endgültig zu verabschieden, alles andere als glücklich. Schließlich sind es viele Monate gewesen, die wir im Guten wie im Bösen zusammen waren, und die Angewohnheit, in gemeinsam erlebten Situationen von ähnlichen Dingen zu träumen, hat uns einander noch näher gebracht.

Mit meinen Gedanken noch bei meinem Problem, lasse ich das Zentrum von Caracas unmerklich immer weiter hinter mir, die Wohnhäuser werden spärlicher.

Caracas erstreckt sich in einem schmalen Tal, von dem die Stadt eingeschlossen und zusammengepresst wird. Man läuft nicht weit, und schon steigt man die umliegenden Berge hinauf und die hochmoderne City liegt einem zu Füßen, während die vielgesichtige Stadt eine weitere Facette von sich zeigt. Die Schwarzen, diese prachtvollen Exemplare der afrikanischen Rasse, die dank einer gewissen Wasserscheu ihre rassische Reinheit bewahren konnten, mussten erleben, wie in ihre Viertel eine neue Spezies des Sklaven einfiel: der Portugiese. Und die beiden alten Rassen begannen ein schwieriges Zusammenleben voller Reibereien und Eifersüchteleien aller Art. Verachtung und Armut vereinen sie im täglichen Kampf, doch die unterschiedliche Weise, wie sie dem Leben entgegentreten, trennt sie voneinander: Der träge, verträumte Schwarze gibt

seine wenigen Pesos für irgendeine Nichtigkeit aus oder »haut sie auf den Kopf«, der Europäer ist traditionell arbeitsam und sparsam, was ihn bis in diesen Teil Amerikas verfolgt und vorwärtsgebracht hat, unabhängig von seinen individuellen Bestrebungen.

Die Betonbauten sind vollständig verschwunden, und an den Berghängen regieren stattdessen die Lehmhütten. Ich schaue in eine hinein, sie besteht aus einem Raum, von dem durch eine Zwischenwand eine Art Küche abgetrennt ist, wo ein Herd und ein Tisch stehen; ein paar Haufen Stroh auf dem Fußboden stellen wohl die Betten dar; mehrere ausgehungerte Katzen und ein räudiger Hund spielen mit drei splitternackten Kindern. Vom Herdfeuer steigt ein beißender Qualm auf, der alles verräuchert. Die Mutter, eine Schwarze mit Kraushaar und Hängebrüsten, kocht Essen, wobei ihr ein 15-jähriges Mädchen hilft. Ich stehe in der Tür der Hütte, und wir kommen ins Gespräch. Nach einer Weile bitte ich Mutter und Kinder, für ein Foto Aufstellung zu nehmen, doch sie weigern sich ganz entschieden, zumindest, wenn ich ihnen das Foto nicht gleich gebe. Vergeblich versuche ich ihnen klar zu machen, dass die Bilder zunächst entwickelt werden müssen. Nein, entweder ich gebe sie ihnen, oder es wird nichts. Am Ende verspreche ich ihnen, dass sie sie sofort bekommen, doch sie sind misstrauisch geworden und wollen nichts mehr davon wissen. Eines der nackten Kinder entwischt und läuft zu seinen Freunden zum Spielen, während ich weiter mit der Familie diskutiere. Zu guter Letzt beziehe ich mit der Kamera Position vor der Tür und drohe damit allen, die ihren Kopf herausstrecken. So setzen wir das Spielchen eine Weile fort, bis ich den fortgelaufenen Jungen sehe, der sorglos angeradelt kommt. Ich nehme ihn ins Visier und drücke auf den Auslöser, doch die Wirkung ist katastrophal: Um dem Foto auszuweichen, duckt sich der Junge auf dem Fahrrad, stürzt und fängt sofort an, Rotz und Wasser zu heulen. Augenblicklich verlieren alle ihre Angst vor der Kamera und kommen aus der Hütte geschossen, um mich zu beschimpfen. Ziemlich eingeschüchtert, denn die Kinder sind zielsichere Steinewerfer,

trete ich den Rückzug an und höre noch, wie die Leute Beschimpfungen gegen mich ausstoßen, die in dem Wort »Portugiese!« gipfeln, Ausdruck höchster Verachtung.

Entlang der Straße stehen große Container, die den Portugiesen als Behausung dienen. In einem davon, in dem eine schwarze Familie lebt, schimmert ein Kühlschrank, und aus vielen dringt Musik aus Radios, die ihre Besitzer auf volle Lautstärke gedreht haben. Blitzblanke Autos stehen vor den Türen der Elendshütten. Ohrenbetäubender Flugzeuglärm erfüllt die Luft. Hier, zu meinen Füßen, liegt Caracas, die Stadt des ewigen Frühlings. Sein Zentrum wird bedroht von der Invasion roter Ziegeldächer, die sich mit den Flachdächern der modernen Gebäude vermischen. Doch es gibt etwas, das das Gelb seiner Kolonialbauten auch dann weiterleben lassen wird, wenn sie vom Stadtplan verschwunden sein werden: ihr stark im rückschrittlichen, halb ländlichen Charakter der Kolonialzeit verwurzelter Geist, der mit dem Lebensgefühl des Nordens nicht zu erfassen ist.

Bemerkung amRande

Wie marmorne Adern durchzog das Sternenlicht den Himmel über dem Dorf in der Sierra, Stille und Kälte nahmen der Dunkelheit alles Stoffliche. Es war – ich weiß nicht recht, wie ich es erklären soll –, als verflüchtige sich alle Substanz im ätherischen Raum, der uns umgab, und als würden wir dadurch unserer Individualität beraubt und in die unermessliche Schwärze getaucht. Es gab nicht eine Wolke, die ein Stück Himmel versperrt und im unendlichen Raum einen Anhaltspunkt gegeben hätte. Nur ein paar Meter weiter machte das fahle Licht einer Laterne die Nebelschwaden um sie herum sichtbar.

Das Gesicht des Mannes verlor sich im Schatten, einzig das Funkeln seiner Augen und das Weiß seiner Vorderzähne traten hervor. Ich weiß noch immer nicht, ob es die Atmosphäre war oder die Persönlichkeit des Mannes, die mich für die Offenbarung empfänglich machte; ich weiß nur, dass mich die von ihm angeführten, schon oft aus dem Mund verschiedener Leute gehörten Argumente früher nie beeindruckt hatten. Unser Gesprächspartner war wirklich ein interessanter Mensch. In jungen Jahren war er aus einem europäischen Land geflohen, um dem Holzhammer des Dogmatismus zu entgehen, er kannte den Geschmack der Angst (eine der wenigen Erfahrungen, die einen den Wert des Lebens spüren lassen), dann zog er von Land zu Land und durchlebte tausend Abenteuer, bis er in dieser abgeschiedenen Gegend Wurzeln schlug und nun hier geduldig auf den Tag der großen Abrechnung wartete.

Nach den banalen Sätzen und den Gemeinplätzen, mit denen jeder von uns seine Position darlegte, als sich die Diskussion schon in die Länge zog und wir drauf und dran waren auseinander zu gehen, bemerkte er mit seinem schelmischen Lächeln, das ihn nie verließ und bei dem seine schief stehenden Schneidezähne zum Vorschein kamen: »Die Zukunft gehört dem Volk, es wird hier und auf der ganzen Welt die Macht erobern, Stück für Stück oder mit einem Schlag. Das Schlimme ist, dass man es erziehen muss, und das gelingt erst dann, wenn die Macht erobert ist. Es wird sich aber nur erziehen lassen, indem es aus seinen eigenen Fehlern lernt, die sehr schwerwiegend sein und viele unschuldige Leben kosten werden. Oder vielleicht, nein, vielleicht sind diese Leben gar nicht unschuldig, weil sie die große Sünde wider die Natur begehen, die es bedeutet, nicht die Fähigkeit zu entwickeln, sich anzupassen. Sie alle, die Nichtangepassten, Sie und ich zum Beispiel, werden sterben und dabei die Macht verfluchen, zu deren Schaffung sie unter Opfern, manchmal großen Opfern, beigetragen haben. Denn die Revolution, so unpersönlich, wie sie ist, wird ihnen das Leben nehmen, und sie wird sogar die Erinnerung, die von

Aus Ernesto Guevaras
Originalmanuskript *The Motorcycle Diaries*

ACOTACION AL MARGEN

~~No había nada de ~~ambiente~~ en la ~~noche~~. Las estrellas veteaban de
luz el cielo de aquel pueblo serrano y el silencio y el frío in-
rializaban la oscuridad. Era-no se bien como explicarlo-como si ~~toda~~
~~infinitud de los hombres~~ se volatilizara en el espacio etéreo que nos ro-
deaba,que nos quitaba la individualidad y nos sumía,yertos,en la ~~in-~~
~~mensidad sin límites de lo desconocido/~~ No había una nube que,bloque-
ando una poción de cielo estrellado,diera perspectiva al espacio. A-
penas a unos metros,la mortecina luz de un farol desteñía las tinie-
blas circundantes.

La cara del hombre se perdía en la sombra,solo emergían
unos como destellos de sus ojos y la blancura de los cuatro dientes
delanteros. Todavía no se si fué el hambiente o la personalidad del
individuo el que preparó ~~las cosas~~ para recibir la revelación,pero se
que los argumentos empleados los había oído muchas veces esgrimidos
por personas diferentes y nunca me habían impresionado. En realidad,
era una ~~personalidad~~ interesante nuestro interlocutor: desde joven
huido de un país de Europa para escapar al cuchillo dogmatizante,cono-
cía el sabor del miedo(unas de las pocas experiencias que hacen valo-
rar la vida) despues,rodando de país en país había dado con sus huesos
en esa apartada región y allí esperaba pacientemente el momento del
gran acontecimiento.

~~Despues~~ de las frases triviales y los lugares comunes
con que cada uno planteó su posición,cuando ya languidecía la discu-
sión y estábamos por separarnos,dejo caer,con la misma risa de chico
pícaro que siempre lo acompañaba,acentuado la disparidad de sus cuatro incisivos delanteros: "El porvenir es del pueblo y poco a poco o
de golpe va a conquistar el poder aquí y en toda la tierra. Lo malo
es que ~~el pueblo hay que~~ civilizar ~~se~~ y eso no se puede hacer antes si
no despues de tomar ~~el~~ poder. ~~Se~~ civilizará sólo aprendiendo a costa de sus propios errores , errores que seran muy graves,que costaran

ihnen bleibt, als Exempel und Instrument benutzen, um die Jugend in Zaum zu halten. Meine Sünde ist größer, weil ich, hellsichtiger oder erfahrener, nennen Sie es, wie Sie wollen, in dem Bewusstsein sterben werde, dass mein Opfer nur einem Starrsinn gehorcht, der für die untergehende, faulende Zivilisation steht. Und ich weiß, dass auch Sie, ohne dass der Lauf der Geschichte oder der persönliche Eindruck, den ich selbst habe, davon irgendwie beeinflusst wird, mit geballter Faust und zusammengepressten Zähnen sterben werden, als perfekter Beweis des Hasses und des Kampfes; denn Sie sind kein Symbol, nichts Lebloses, das man als Beispiel nimmt, sondern ein authentischer Bestandteil der untergehenden Gesellschaft. Der Geist des Bienenvolkes spricht durch Ihren Mund und regt sich in Ihren Taten; Sie sind so nützlich wie ich, kennen aber nicht den Beitrag, den Sie der Gesellschaft leisten, die Sie opfert.«

Ich sah seine Zähne und das schelmische Grinsen, mit dem er in seiner Rede fortfuhr, spürte seinen Händedruck und hörte wie ein fernes Murmeln den formellen Abschiedsgruß. Die Nacht – zurückgedrängt, als sie von seinen Worten berührt wurde – nahm mich von Neuem gefangen und hüllte mich ein; doch trotz seiner Worte wusste ich jetzt: In dem Moment, da der große Spiritus rector den gewaltigen Schnitt macht, der die gesamte Menschheit in zwei antagonistische Lager teilt, werde ich auf Seiten des Volkes stehen. Und ich weiß, weil ich es in den Nachthimmel eingeschrieben sehe, ich, der eklektische Sezierer von Doktrinen und Analytiker von Dogmen, werde mit dem Geheul eines Besessenen die Barrikaden oder Schützengräben stürmen, meine Waffe in Blut tauchen und, rasend vor Wut, jeden Feind, der mir in die Hände fällt, niedermetzeln. Und ich sehe, so als hätte eine unendliche Müdigkeit meine eben noch tobende Erregung überwältigt, wie ich, hingeopfert der jeden individuellen Willen gleichmachenden, echten Revolution, mit den beispielgebenden Worten mea culpa auf den Lippen falle. Schon spüre ich, wie sich meine Nüstern blähen und den bitteren Geruch nach Pulver und Blut und feindlichem Tod einsaugen; schon spannt sich mein Leib, bereit zur Schlacht, und ich verwandle mein Sein in einen Tempel, damit in ihm mit neuen Erschütterungen und neuen Hoffnungen das Wolfsgeheul des siegreichen Proletariats widerhallt.

Ernesto (in der Mitte, mit Motorradhaube) mit Alberto Granado (vorne links), der *Poderosa II* und Freunden, 1951

Otra vez (dt.: Das magische Gefühl, unverwundbar zu sein) ist das zweite Lateinamerika-Reisetagebuch, das der junge Ernesto Guevara geschrieben hat. Das Originaldokument befindet sich im »Archivo del Che« in Havanna.

Ernesto begann dieses Tagebuch, als er am 7. Juli 1953 aus Buenos Aires abreiste, und führte es bis zur Geburt seiner Tochter Hildita in Mexiko am 15. Februar 1956 fort. In diesem Jahr schrieb er die ahnungsvollen Worte: »Dieses Jahr kann für meine Zukunft wichtig werden ...«

Unser Buch setzt die Reise durch Ches Worte und Bilder mit dem folgenden Text fort: Ernesto Guevaras erste Begegnung mit La Paz, einer Stadt, die im letzten Abschnitts seines Lebens, dem Guerillakampf in Bolivien, eine Rolle spielen wird. In einer Art Vorwort beschreibt Che, gleichzeitig nüchtern und bewegt, »die fantastische Schönheit des Illimani [...], von der Natur gekrönt mit einem leuchtenden Kranz aus ewigem Schnee«. Und Che bietet uns drei Wege an, die Welt von Palenque zu betrachten: einen Artikel, den er darüber geschrieben, ein Gedicht, das

er verfasst, und ein paar Fotos, die er von den präkolumbischen Ruinen gemacht hat. Scharfsinnig, informativ und ironisch erzählen Ches Briefe und Anmerkungen in diesem unvollendeten Tagebuch von seinen zentralamerikanischen und mexikanischen Erlebnissen und werfen ein Licht auf seine Zukunft.

—VC

Der zweite Blick auf Lateinamerika

04

La Paz, naiv und unschuldig

Um vier Uhr nachmittags nähert sich der Zug der Schlucht, in der La Paz liegt. Die kleine, aber sehr hübsche Stadt ist in eine unruhige Landschaft eingebettet, aus der der Illimani mit seinen schneebedeckten Gipfeln wie ein Wachturm aufragt. Für die letzte Etappe von nur wenigen Kilometern brauchen wir über eine Stunde. Es scheint geradezu, als würde der Zug an der Stadt vorbeifahren, dann dreht er bei und fährt weiter hinunter in die Schlucht.

Es ist Samstagnachmittag, und es ist sehr schwierig, die Leute zu finden, die uns empfohlen worden sind. Also spülen wir uns erst einmal den Schmutz der Reise vom Körper und ziehen uns um. Am Sonntag beginnen wir damit, besagte Leute zu finden und uns mit der argentinischen Kolonie in Verbindung zu setzen.

La Paz ist das Schanghai Südamerikas. Eine reiche Palette an Abenteurern aus aller Herren Länder treibt sich in der Stadt mit ihrer bunt gemischten Bevölkerung herum, dort, wo das Land seinem Schicksal entgegengeht.

Die so genannten besseren Leute, die gebildeten Leute, fürchten sich vor Zwischenfällen und verfluchen das Interesse, das den Indios und den Mestizen entgegengebracht wird. Doch bei allen glaube ich einen Funken von Nationalstolz über einige Projekte der Regierung zu bemerken.

Niemand leugnet, dass sich die Situation ändern und die drei Familien, denen die Zinnbergwerke gehörten, entmachtet werden mussten. Die jungen Leute glauben, dass dies ein bedeutender Schritt im Kampf für mehr Gleichheit und für eine bessere Besitzverteilung war.

Am Abend des 15. Juli fand ein langer Fackelzug statt, der als Demonstration zwar langweilig war, aber äußerst interessant wegen der Art und Weise, wie Zustimmung ausgedrückt wurde: durch Schüsse aus einem Mausergewehr oder dem »Piri-Pipí«, einem fürchterlichen Repetiergewehr.

Am nächsten Tag marschierten Verbände, Schulen und Gewerkschaften in einem nicht enden wollenden Demonstrationszug, wozu die Mausergewehre die Begleitmusik lieferten. Alle paar Schritte schrie einer der Leiter der verschiedenen Abteilungen: »Genossen des Verbandes Soundso, es lebe La Paz, es lebe die Unabhängigkeit Südamerikas, es lebe Bolivien! Ehre den ersten Märtyrern der Unabhängigkeit, hoch lebe Pedro Domingo Murillo, hoch lebe Guzmán,

hoch lebe Villarroel!« Die Hochrufe wurden mit müder Stimme vorgetragen, und ein monotoner Chor antwortete entsprechend lahm. Es war eine malerische, aber keine kraftvolle Demonstration. Die schleppenden Schritte und die mangelnde Begeisterung der Teilnehmer nahmen ihr jede Vitalität. Es fehlen die entschlossenen Gesichter der Bergarbeiter, sagten die, die sich auskannten.

Am Morgen des nächsten Tages fuhren wir mit einem Lastwagen zu den Yungas, den tropischen Tälern im Osten Boliviens. Zunächst bis zu dem 4600 Meter hoch gelegenen Ort La Cumbre, um dann über einen Serpentinenweg, der fast die gesamte Strecke an einer tiefen Schlucht entlangführte, langsam talwärts zu gelangen. In den Yungas verbrachten wir zwei herrliche Tage, doch fehlten uns zwei Frauen, die dem allgegenwärtigen Grün um uns herum eine erotische Note verliehen hätten. Über die Hänge, die zu einem mehrere hundert Meter entfernten Fluss abfielen, erstreckten sich unter einem bewölkten Himmel Kokosplantagen mit ihren typischen Abstufungen, Bananenplantagen, die aus der Ferne wie grüne, aus dem Urwald ragende Propeller aussahen, Orangenplantagen und Bäume mit anderen Zitrusfrüchten sowie rot gefärbte Kaffeepflanzungen. Das Ganze wurde unterbrochen von einem verkrüppelten Papayabaum, dessen Silhouette irgendwie an die starre Haltung eines Lamas erinnerte. [...]

Naiv und unschuldig wie ein Mädchen vom Lande zeigt La Paz voller Stolz seine herrlichen Kolonialbauten. Wir besuchten auch die neuen Gebäude, die kleine Universität, von deren Terrasse aus man die ganze Stadt überblicken kann, die Stadtbibliothek etc.

Die fantastische Schönheit des Illimani äußert sich in seiner sanften Klarheit, die Natur hat den Berg mit einem leuchtenden Kranz aus ewigem Schnee gekrönt. Ganz besonders feierlich und imposant wirkt er in der Abenddämmerung.

MachuPicchu, steinernesRätsel

Hoch oben auf einem Berg mit schroffen, zerklüfteten Hängen, 2.800 Meter über dem Meeresspiegel und 400 über dem reißenden Urubamba, der das Hochland auf drei Seiten umspült, liegt die uralte Stadt aus Stein, die ihren Namen seinen ehemaligen Festungsanlagen verdankt: Machu Picchu.

Ist das ihr ursprünglicher Name? Nein. In Ketschua bedeutet Machu Picchu »Alter Berg«, im Gegensatz zu Huayna Picchu, »Junger Berg«, dessen Felsspitze wenige Meter von der Siedlung entfernt ist. Dies sind lediglich Beschreibungen ihrer topographischen Merkmale. Und wie lautet dann ihr richtiger Name? Wir wollen einen Moment abschweifen und eine Reise in die Vergangenheit unternehmen.

Das 16. Jahrhundert war eine tragische Epoche für die unabhängigen Völker Amerikas. Die bärtigen Invasoren überfluteten den Kontinent, und die großen Inkareiche wurden in Schutt und Asche gelegt. Im Zentrum Südamerikas leistete der mörderische Kampf um die Macht zwischen den beiden Anwärtern auf das Erbe von Huayna-Capac, Atahualpa und Huascar der Zerstörung des größten Reiches des Kontinents Vorschub. Um die Menschenmassen, die sich Cuzco

gefährlich näherten, besser in Zaum zu halten, setzten die Spanier den jungen Manco II., einen von Huascars Neffen, auf den Thron. Diese taktische Maßnahme hatte eine unerwartete Folge: Zwar besaß das Volk nun ein Oberhaupt, das mit allen Vollmachten des unter dem spanischen Joch immer noch geltenden Inkagesetzes ausgestattet war, doch war der Monarch nicht so einfach zu kontrollieren, wie es sich die Spanier wünschten. Eines Nachts verschwanden er und seine führenden Häuptlinge mitsamt der großen Goldscheibe, dem Symbol der Sonne. Von dem Tag an war es mit dem Frieden in der alten Hauptstadt des Inkareiches vorbei. Es gab keinerlei Sicherheit, man konnte sich nicht ungeschützt von einem Ort zum anderen bewegen. Bewaffnete Banden nutzten das alte, ehemals imposante und nun zerstörte Sacsahuáman als Basis und Festung, um Cuzco zu kontrollieren. Sie durchstreiften die Region und bewegten sich sogar in der Nähe der Stadt.

Wir schreiben das Jahr 1536. Diese groß angelegte Revolte scheiterte, die Belagerung von Cuzco musste aufgegeben werden, und eine weitere große Schlacht in Ollantaitambo, der

befestigten Stadt am Urubamba, wurde von den Truppen des Inkakönigs verloren. Die Bedrohung durch einen Guerillakrieg, der ein gefährlicher Pfahl im Fleische der spanischen Besatzungsmacht gewesen war, hatte sich deutlich verringert. Eines Tages wurde der Inkakönig von einem betrunkenen Soldaten der Konquistadoren umgebracht, einem Deserteur, den die Inkas zusammen mit weiteren sechs seiner Kameraden aufgenommen hatten. Ihn und seine unglücklichen Landsleute folterten die Untertanen aufs Grausamste zu Tode und spießten die sieben Köpfe zur Vergeltung und als Provokation auf ihre Speere. Die drei Söhne des Monarchen, Sairy Túpac, Tito Cusi und Túpac Amaru, regierten nacheinander und starben jeweils auf dem Thron. Mit dem dritten Sohn jedoch starb noch etwas mehr als nur ein Monarch: Es war das Ende des Inkareiches.

Der mächtige und unerbittliche spanische Vizekönig Francisco Toledo nahm den letzten Inkakönig gefangen und richtete ihn 1572 in Cuzco auf dem Exerzierplatz hin. Túpac Amaru, der sein Leben, das so tragisch endete, im Sonnentempel eingeschlossen verbracht hatte und der nur kurze Zeit das

Oberhaupt der Inka gewesen war, wandte sich in seiner letzten Stunde ans Volk. Seine eindrucksvolle Rede rüttelte die Untertanen aus ihrer Erstarrung auf und veranlasste den späteren Vorkämpfer für die Unabhängigkeit Lateinamerikas, seinen Namen anzunehmen: José Gabriel Condorcanqui: Túpac Amaru II.

Die Gefahr für die Vertreter der spanischen Krone war also gebannt, und niemand dachte daran, das alte Zentrum der Inkas aufzusuchen, die gut versteckte Stadt Vilcapampa, aus der der letzte Inkakönig geflohen war, bevor man ihn gefangen genommen hatte. Und so begann ein Zeitraum von drei Jahrhunderten, in denen in Bezug auf diese Stadt absolutes Stillschweigen herrschte. Als der italienische Wissenschaftler Antonio Raimondi in der zweiten Hälfte des 19. Jahrhunderts neunzehn Jahre seines Lebens der Erkundung Perus widmete, war das Land noch weitgehend frei von europäischen Spuren. Auch wenn Raimondi kein ausgewiesener Archäologe war, brachte er mit seiner profunden Bildung und seinem Fachwissen das Studium der Vergangenheit dieses Inkalandes enorm voran. Generationen peruanischer Studenten lenkten nun ihren Blick auf das Herz eines Landes, das sie nicht kannten, und benutzten als Leitfaden Raimondis großartiges Werk *El Perú*, während

Wissenschaftler aus aller Welt ihre Begeisterung für die Geschichte eines bedeutenden, untergegangenen Volkes wieder entdeckten.

Zu Beginn des 20. Jahrhunderts kam ein nordamerikanischer Historiker, Professor Bingham, nach Peru, um die ursprünglichen Routen zu studieren, die Simón Bolívar genommen hatte. Er war gefesselt von der außergewöhnlichen Schönheit der Regionen, die er besuchte, und fühlte sich herausgefordert von den Rätseln, die die Kultur der Inka aufgab. Professor Bingham gab dem Historiker und dem Abenteurer in sich gleichermaßen nach und machte sich auf die Suche nach der vergessenen Stadt, die Operationsbasis der aufständischen Monarchen.

Aus den Aufzeichnungen von Pater Calancha und anderen wusste Bingham, dass die Inka ein politisches und militärisches Zentrum namens Vitcos besaßen, außerdem eine heilige Stätte, die sie Vilcapampa nannten und in die kein Weißer je einen Fuß gesetzt hatte. Mit diesen Informationen machte er sich auf den Weg. Jeder, der auch nur oberflächliche Kenntnisse von der Region besitzt, wird die Größe der Aufgabe, die Bingham sich gestellt hatte, ermessen können. In gebirgigem Gelände, das bedeckt ist mit dichten subtropischen Wäldern und kreuz und quer durchzogen von Flüssen, die

eher lebensgefährlichen Sturzbächen gleichen, und ohne mit der Psychologie oder auch nur der Sprache der Einwohner vertraut zu sein, besaß Bingham doch drei starke Waffen: eine unbändige Begeisterung für das Abenteuer, einen scharfen Verstand und eine ordentliche Hand voll Dollar.

Geduldig drang er in das Kernland der ausgelöschten Zivilisation vor, zahlte den Indios hohe Preise für jedes Geheimnis und jede Information, die er ihnen entlocken konnte. Eines Tages im Jahre 1911, nach Jahren zähen Bemühens, folgte er einem Indio, der ihm eine Sammlung ungewöhnlicher Steine verkaufen wollte. Bingham, der von keinem anderen Weißen begleitet wurde, sah sich plötzlich voller Staunen den eindrucksvollen Ruinen gegenüber, die ihn, fast versunken in üppiger Vegetation, willkommen hießen.

Doch die Geschichte hat auch eine traurige Seite. Um die Ruinen untersuchen und ausführlich beschreiben zu können, wurden sie vom Unterholz befreit, und alles, was dabei zum Vorschein kam, wurde geplündert. Forscher trugen die archäologischen Schätze in mehr als 200 Kisten fort und brachten sie triumphierend in ihre Länder. Der Wert war immens, und es war, sagen wir es frei heraus, ein großes Geschäft. Objektiv gesehen trifft Bingham keine direkte Schuld daran, genauso wenig wie die Bürger der

Vereinigten Staaten im Allgemeinen. Und auch nicht eine Regierung, die selbst nicht die ökonomischen Mittel hatte, um eine Expedition zu finanzieren, die mit der Entdeckung und Erforschung des Machu Picchu zu vergleichen wäre. Hat also niemand Schuld? Akzeptieren wir für einen Moment die Tatsache, dass die Frage, wo man die Schätze der Inkastadt studieren oder bewundern kann, beantwortet ist: in den Museen der Vereinigten Staaten.

Machu Picchu war für Bingham nicht einfach die Entdeckung irgendeiner alten Stätte. Es bedeutete Triumph, die Erfüllung eines großen Kindertraumes – eines Traumes, den fast alle Liebhaber dieses Wissenschaftszweiges hegen. Ein langer Weg von Erfolgen und Niederlagen fand dort seinen krönenden Abschluss, in der grauen Steinstadt, die all seine Fantasien und sein Streben auf sich vereinte und ihn zu Vergleichen und Theorien veranlasste, die zunächst sehr weit entfernt waren von sorgfältiger wissenschaftlicher Darstellung. Die Jahre der Forschung und des wissenschaftlichen Erfolges machten aus dem ehemaligen Reise-Historiker einen gelehrten Archäologen; viele seiner Theorien, die auf der reichen Erfahrung, die er auf seinen Reisen gemacht hatte, basierten, galten in Wissenschaftskreisen als Evangelium.

Für Bingham war Machu Picchu die heilige Stätte der Ketschua, ihr Zentrum, von wo aus sie sich ausbreiteten, bevor sie Cuzco gründeten. Bingham vertiefte sich in die Mythologie der Inka und identifizierte drei Fenster einer Tempelruine als diejenigen, aus denen die Brüder Ayllus, Gestalten der Inkamythologie, in die äußere Welt gegangen waren. Er fand auffällige Ähnlichkeiten zwischen einem runden Turm in der wiederentdeckten Stadt und dem Sonnentempel in Cuzco. Skelette, fast ausnahmslos weibliche, die in den Ruinen gefunden wurden, identifizierte er als die der Jungfrauen des Sonnentempels. Und nach sorgfältiger Analyse aller Möglichkeiten kam er zu der folgenden Schlussfolgerung: Die von ihm entdeckte Stadt hatte mehr als drei Jahrhunderte zuvor Vilcapampa geheißen. Sie sei, so behauptete er, die heilige Stätte der aufständischen Monarchen gewesen und habe früher als Zufluchtsort für die besiegten Anhänger des Inkakönigs Pachacuti (dessen Grab in der Stadt gefunden wurde) gedient, und zwar in der Zeit nach ihrer Niederlage durch die Truppen der Chincha bis zum Wiederaufstieg des Reiches. Der Grund jedoch, warum diese Stadt in beiden Fällen besiegten Kriegern als Zufluchtsort gedient habe, sei der, dass Tampu-Toco, heilige Stätte und ursprüngliches Zentrum, hier in dieser Gegend gelegen habe, und nicht bei

Pacaru Tampu in der Nähe von Cuzco, wie die Inka-Priester dem Historiker Sarmiento de Gamboa erzählten, der sie auf Anordnung des Vizekönigs Toledo befragte.

Heutige Forscher haben dem Archäologen aus Nordamerika in vielen Punkten widersprochen, doch über die genaue Bedeutung von Machu Picchu können sie keine Auskunft geben.

Nach mehreren Stunden Fahrt in einem asthmatisch röchelnden Zug, der wie eine Modelleisenbahn aussieht und zunächst an einem kleinen Fluss, dann an den Ufern des Urubamba entlangfährt, vorbei an den beeindruckenden Ruinen von Ollantaitambo, kommen wir schließlich zu einer Brücke, die über den Fluss führt. Auf einer gewundenen Strecke von ungefähr acht Kilometern bringt uns der Zug zu dem Hotel in den Ruinen, das von einem Señor Soto betrieben wird. Er kennt sich bestens aus in der Geschichte der Inka und ist ein hervorragender Sänger, was an den herrlichen Tropenabenden dazu beiträgt, den suggestiven Zauber der Ruinenstadt zu verstärken.

Machu Picchu, auf einem Berggipfel gelegen, umfasst ein Gebiet von etwa zwei Kilometern Durchmesser, das im Wesentlichen in drei Bereiche unterteilt ist: die zwei Tempel, die Hauptgebäude und das Gebiet für das gemeine Volk. In dem für religiöse Handlungen vorbehaltenen Bereich befinden sich die Ruinen eines wunderbaren Tempels aus großen weißen Granitblöcken mit den drei Fenstern, die Bingham zu seinen mythologischen Spekulationen veranlasst hatten. Gekrönt wird eine Reihe schöner Gebäude von dem Intiwatana mit der Sonnenscheibe: ein etwa sechzig Zentimeter hoher, fingerartiger Felsen, vor dem die Inka ihre Riten abhielten. Eins der wenigen Monumente, das der Zerstörungswut der Spanier während ihres Eroberungsfeldzuges entgangen war.

Die Gebäude der Priester zeigen Kunstwerke von außergewöhnlichem Wert, zum Beispiel den runden Turm, den ich bereits erwähnt habe, die in Stein gehauenen Brücken und Kanäle sowie die vielen Wohnstätten, die Zeugnis geben von ihrer Baukunst.

Durch die weniger kunstvolle Bearbeitung der Felsen in den Bauten, die für das einfache Volk bestimmt waren, wird der große soziale Unterschied sichtbar. Sie sind von dem religiösen Bereich durch einen kleinen Platz getrennt, auf dem sich die Wasserreservoirs befanden, deren Austrocknung vermutlich der Hauptgrund dafür war, dass dieser Ort als ständige Wohnstatt aufgegeben wurde.

Machu Picchu ist eine Stadt der Stufen, fast alle ihre Gebäude befinden sich auf verschiedenen Ebenen, verbunden durch Treppen, von denen einige kunstvoll in den Felsen gemeißelt sind, andere aus mit wenig ästhetischem Ehrgeiz aufgeschichteten Steinen bestehen. Alle Treppen jedoch waren, so wie die gesamte Stadt, im Stande,

den Unbilden der Witterung zu trotzen, und nur die aus Baumstämmen gefertigten Dächer der Gebäude waren nicht in der Lage, den Attacken der Elemente zu widerstehen.

Um für das leibliche Wohl zu sorgen, wurde Gemüse auf den noch vollständig erhaltenen Terrassen angebaut.

Die Verteidigung war sehr leicht. Machu Picchu ist auf zwei Seiten uneinnehmbar, geschützt durch schmale Schluchten von 300 Metern Tiefe. Die dritte Flanke ist nur über gut zu kontrollierende Pfade zu erreichen, und die vierte befindet sich gegenüber dem Huayna Picchu, dem »Jungen Berg«. Dieser schroffe Felsen überragt seinen Bruder um rund 200 Meter. Es wäre für die Touristen fast unmöglich, hier hinaufzuklettern, wenn die von den Inka gepflasterten Wege es ihnen nicht ermöglichten, den Gipfel an den steilen Abhängen entlang zu erreichen. Der Berg hat wohl hauptsächlich zur Beobachtung der Umgebung gedient, denn es gibt hier keine größeren Gebäude. Der Urubamba umspült beide Felsen fast vollständig, so dass es für angreifende Truppen so gut wie unmöglich war, sie einzunehmen.

Ich habe bereits erwähnt, dass die archäologische Bedeutung des Machu Picchu umstritten ist. Tatsächlich ist es kaum von Belang, wie die Stadt ursprünglich entstanden ist. Jedenfalls sollte man diesen Streit den Fachleuten überlassen; sicher ist, und das ist wichtiger, dass wir uns hier vor einem reinen Ausdruck der mächtigsten Eingeborenen-Zivilisation Amerikas

befinden – noch unbefleckt vom Kontakt mit den siegreichen Kolonisierern und voller unermesslicher Schätze der Vergangenheit in ihren Mauern, die an dem Verdruss gestorben sind, kein Leben mehr in sich zu haben. Die atemberaubende Landschaft, die diese Festung umgibt, schafft den notwendigen Rahmen, um den Träumer, der durch die Ruinen dieser Zivilisation streift, ins Schwärmen zu versetzen; und der nordamerikanische Tourist mit seiner praktischen Weltsicht kann die Nachfahren des degenerierten Stammes, die er auf seiner Reise sieht, zwischen die einst lebendigen Mauern stellen, nicht wissend, welcher moralische Abstand sie von ihren Vorfahren trennt, weil das Feinheiten sind, die nur der halb eingeborene Geist eines Südamerikaners zu erfassen vermag.

Einigen wir uns für den Moment auf zwei mögliche Bedeutungen des Machu Picchu: eine für den Kämpfer, der sich für das einsetzt, was heutzutage als Phantasterei abgetan wird, eine Bedeutung, die in die Zukunft weist und mit steinerner Stimme, die über den ganzen Kontinent zu hören ist, ruft: »Bürger von Indio-Amerika, erobert die Vergangenheit zurück!« Und für andere, für diejenigen, die einfach nur »weit weg von der tobenden Masse« sein wollen, gibt es die passenden Worte, die ein Brite ins Gästebuch des Hotels gekritzelt und mit denen er die ganze Bitterkeit seiner imperialen Sehnsucht schriftlich festgehalten hat: »Ich bin froh, einen Ort ohne Coca-Cola-Werbung zu sehen.«

Von Ernesto Che Guevara fotografiert

Das Dilemma von Guatemala

Wer die Länder Südamerikas bereist hat, dem werden die verächtlichen Bemerkungen zu Ohren gekommen sein, die einige Leute über bestimmte demokratisch inspirierte Regierungen machen. Es beginnt mit der Spanischen Republik und ihrem Sturz. Von ihr wurde behauptet, dass sie nur aus einem Haufen Faulenzer bestanden habe, der nichts gekonnt hätte als die Jota zu tanzen, und dass Franco Ordnung geschaffen und den Kommunismus aus Spanien verbannt habe. Mit der Zeit wurden die Meinungen angepasst und gleichgeschaltet, und der Satz, mit dem eine gewaltsam beendete Demokratie einfach abgetan wurde, lautete ungefähr: »Damals herrschte keine Freiheit, sondern Zügellosigkeit.« Mit ähnlichen Worten wurden dann auch die Regierungen beschrieben, die in Peru, Venezuela und Kuba den südamerikanischen Traum von einer neuen Ära hatten aufkommen lassen. Der Preis, den diese Länder dafür zahlen mussten, die Techniken der Unterdrückung zu lernen, war hoch. Zahlreiche unschuldige Menschen wurden ermordet, um eine Ordnung aufrechtzuerhalten, die den Interessen der feudalen Bourgeoisie und des ausländischen Kapitals diente. Heute wissen die Patrioten, dass der Sieg nur durch Feuer und Blut errungen wird und dass es für Verräter kein Pardon geben kann; dass nur die totale Vernichtung der reaktionären Kräfte die Herrschaft der Gerechtigkeit in Südamerika schaffen und sichern kann.

Als ich hörte, dass das Wort »Zügellosigkeit« wieder benutzt wird, um Guatemala zu charakterisieren, bekam ich Angst um die kleine Republik. Ist der Traum der Lateinamerikaner, der in diesem Land und in Bolivien wieder auflebte, dazu verurteilt, den Weg seiner Vorläufer zu gehen? Hierin liegt der Ursprung der Dilemmas.

Vier revolutionäre Parteien bilden die Basis, auf die sich die Regierung stützt, und außer der Arbeiterpartei PGT teilen sich alle in zwei oder mehr antagonistische Fraktionen auf, die sich gegenseitig erbitterter bekämpfen als die feudalen Feinde und die über ihren internen Streitigkeiten das Ziel der Guatemalteken vergessen. Währenddessen wirft die reaktionäre Seite ihre Netze aus. Das State Department der Vereinigten Staaten oder die United Fruit Company, bei denen man nie weiß, wer wer ist, schmieden – in offener Allianz mit den Großgrundbesitzern und der furchtsamen, heuchlerischen Bourgeoisie – alle möglichen Pläne, um den aufmüpfigen Gegner, der wie ein Samenkorn im Schoße der Karibik keimt, zum Schweigen zu bringen. Während Caracas auf Instruktionen wartet, die den Startschuss für eine mehr oder weniger dreiste Einmischung geben sollen, suchen die aus dem Land gejagten Generäle und die Großgrundbesitzer sich mit den finsteren Diktatoren der Nachbarländer zu verbünden.

Während die völlig gleichgeschaltete Presse der Anrainerstaaten dazu gezwungen ist, Loblieder in der einzig erlaubten Tonart auf den »Führer« zu singen, entfachen die so genannten »unabhängigen« Zeitungen hier im Land einen Sturm plumper Lügen über die Regierung und diejenigen, die sie unterstützen, und versuchen so, das gewünschte Klima zu schaffen. Und die Demokratie erlaubt das.

Das »Zentrum des kommunistischen Horizontes« gibt ein Musterbeispiel für Freiheit gepaart mit Treuherzigkeit ab und lässt zu, dass seine nationalistischen Fundamente untergraben werden; lässt zu, dass ein weiterer Traum Südamerikas zerstört wird.

Schaut einmal auf die jüngste Vergangenheit, Genossen, seht euch die vertriebenen Führer an, die Toten und die Gefängnisse der APRA in Peru und der Acción Democrática in Venezuela, die hervorragenden Männer in Kuba, die von Batista ermordet wurden. Werft einen Blick auf die zwanzig Einschusslöcher, die die Leiche des Soldatenpoeten Ruiz Pineda aufweist, und auf die stinkenden Verliese der venezolanischen Gefängnisse. Schaut, ohne Angst, aber mit Bedacht, auf die abschreckenden Beispiele der Vergangenheit, und dann sagt mir: Ist das die Zukunft Guatemalas?

Wurde und wird dafür gekämpft? Die historische Verantwortung der Männer, die die Hoffnungen Lateinamerikas zu verwirklichen suchen, ist groß. Es ist an der Zeit, die Dinge offen auszusprechen. Es ist an der Zeit, die Waffen sprechen zu lassen, und wenn gestorben werden muss, dann wollen wir wie Sandino sterben und nicht wie Azaña.

Doch die Gewehre, die Verrat begehen, dürfen nicht von guatemaltekischer Hand gehalten werden. Wenn die Freiheit sterben soll, dann durch die Hand derer, die sie uns vorenthalten. Wir dürfen keine Milde walten lassen, keinen Verrat dulden. Es kann nicht sein, dass das Blut eines Verräters geschont und dadurch das von Tausenden tapferer Verteidiger des Volkes vergossen wird. Hamlets alte Frage klingt aus meinem Mund in den Worten eines südamerikanischen – guatemaltekischen – Dichters folgendermaßen: »Bist du oder bist du nicht, oder wer bist du?« Die Kräfte, die die Regierung unterstützen, haben das Wort.

»Wenn ich euch ein Foto zeige und sage, dass ich es bei Nacht aufgenommen habe, könnt ihr mir glauben oder auch nicht, das ist mir egal; denn wenn ihr die fotografierte Landschaft nicht zufällig selbst kennt, werdet ihr schwerlich eine andere Wahrheit erfahren als die, die ich hier schildere.« Mit diesen Worten warnt der junge Ernesto Guevara de la Serna den Leser seiner Aufzeichnungen. Dieses Kapitel, das drei verschiedene Arten, die Welt zu betrachten, vorführt, ist die Bekräftigung seiner deutlichen Warnung und der Beweis der Verschiedenartigkeit seines Blicks. Hier findet sich der klare Blick desjenigen, der sich Notizen macht, der des Dichters und der des Fotografen, um ein und dasselbe Objekt zu betrachten: die Ruinen von Palenque.

Wie man die Qualität seines Gedichts auch beurteilen mag, es ist Teil seiner Beobachtung, und auch wenn es für sich steht, ist und bleibt es ein weiteres Beispiel für die unterschiedlichen Ausdrucksarten des Autors. Gedichte begleiteten ihn sein ganzes Leben hindurch, auch bei seiner letzten Mission als Guerillakämpfer. Er las seinen Mitkämpfern Gedichte vor, und er ging mit den Dichtern, die er liebte, in den Kampf. »Etwas lebt weiter in deinem Stein« ist eine Mahnung des jungen Schriftstellers an dieses noch neue 21. Jahrhundert. Das einzig Wichtige ist, die Augen und Ohren zu öffnen, das Herz auf dem rechten Fleck zu haben und sich eine Liebe zu bewahren, die sich vermehren und über die ganze Welt verbreiten kann.

—VC

Drei Arten, die Welt zu betrachten

Palenque

Die Ruinen von Palenque sind groß-artig. Das ehemalige Zentrum liegt an einem Berghang, von dort aus erstreckt sich die Stadt mitten im Dschungel über ein Gebiet von vier mal sechs Kilometern. Es ist noch unerforscht, obwohl die Lage der vom Dickicht überwachsenen Gebäude bekannt ist.

Die Trägheit der Behörden ist ungeheuerlich. Für die Reinigung der wichtigsten Grabstätte, eines der wertvollsten archäologischen Juwele Südamerikas, brauchte man vier Jahre, obwohl die Arbeit mit dem entsprechenden Einsatz an Material und Personal in drei Monaten hätte geleistet werden können. Die wichtigsten Gebäude sind: der Palast mit seinen Galerien und Patios, seinen Steinskulpturen und Stuckleisten von hoher künstlerischer Qualität; der Tempel mit den Grabinschriften, dessen Hauptattraktion ein in seiner Art in Südamerika einzigartiges Grabmal ist. Man betritt es über den oberen Teil der Pyramide, indem man durch einen langen Tunnel mit einer vieleckigen Decke in eine große Kammer hinabsteigt, in der ein monolithischer Grabstein von 3,80 m Länge, 2,20 m Breite und 27 cm Dicke gefunden wurde, verziert mit Hieroglyphen, die den Mond, die Sonne und die Venus darstellen. Unter dem Grabstein befindet sich ein aus einem Steinblock gehauener Katafalk, der für die Leiche einer bedeutenden Persönlichkeit verwendet worden war.

In Palenque gibt es Jadeschmuck in allen Größen und Formen zu sehen. Besonders hinzuweisen ist auf die Schönheit der polierten Basreliefs aus Stuck. Diese Kunst verliert sich später.

In den Gebieten des 3. Kaiserreiches jedoch, wo sich der toltekische Einfluss bereits bemerkbar macht, wird sie ausgebildet: monumentaler, aber weniger kunstvoll.

Die Skulpturen in Palenque haben mehr menschliche Motive als die der Azteken oder der Tolteken. Im Allgemeinen sind vollständige mensch-liche Körper in historischen Situationen oder bei Ritualen zu sehen, zusammen mit den wichtigsten Göttern ihres Olymps, als da wären: Sonne, Mond, Venus, Wasser etc.

Nach der Klassifizierung des nord-amerikanischen Archäologen Morley ist Palenque ein Zentrum der zweiten Kategorie innerhalb des Maya-Gebietes (zur ersten Kategorie zählt der Archäologe nur Copán, Tikal, Uxmal und Chichén-Itzá). Archäologische Forschungen belegen, dass die Monu-mente in Palenque während der ersten 25 Jahre von Baktun IX. (435–534) errichtet wurden, etwa zur gleichen Zeit wie das andere künstlerische Zentrum Piedras Negras. Beide Zentren erlebten ihre Blütezeit im ersten Reich. Insgesamt gibt es nach Morleys Klassifizierung 19 Städte der zweiten Kategorie, obwohl neueste Forschungs-ergebnisse Palenque eine größere Bedeutung beimessen. Ob dieses Zentrum nun zur ersten Kategorie gehört oder nicht, unbestritten ist, dass die Stuckarbeit in dieser Maya-Stadt technisch und künstlerisch gesehen am höchsten entwickelt war.

Palenque: Etwas lebt weiter in deinem Stein

Etwas lebt weiter in deinem Stein,

Schwester der grünen Dämmerung,

und das Schweigen deiner Geister

ist ein Skandal für die Gräber der Könige.

Dein Herz wird durchbohrt von dem teilnahmslos scharfen Blick

eines klugen Mannes mit blitzender Brille,

während das dümmliche »Oh!« eines

Gringo-Touristen dein Gesicht beleidigt.

Doch etwas in dir lebt.

Was es ist, ich weiß es nicht,

aber der Wald bietet dir die Umarmung seiner Stämme

und auch das gnädige Scharren seiner Wurzeln.

Ein riesiger Zoologe schwingt den Spieß,

um deine Tempel aufzuspießen,

und dennoch stirbst du nicht.

Welche Kraft trägt dich

über die Jahrhunderte hinweg,

lebendig pulsierend wie in deiner Jugend?

Welcher Gott haucht deinen Sternen

den Odem ein, wenn der Tag zu Ende geht?

Ist es vielleicht die heitere Tropensonne?

Warum dann nicht in Chichén-Itzá?

Oder ist es des Waldes freundliche Umarmung

oder der Vögel wohlklingender Gesang?

Und warum ist Quiriguás Schlaf so tief?

Ist es das fröhliche Lied der Quelle,

das aus der rauen Erde dringt?

Und dennoch, die Inka sind tot.

Die Briefe von Ernesto Guevara waren immer ein wesentlicher Teil seiner schriftlichen Zeugnisse. Irgendwann sollten Ches sämtliche Briefe herausgegeben werden. So unterschiedlich ihre Empfänger und ihre Inhalte und Themen auch sind, zeigen sie doch die Klarheit der Gedanken des Verfassers. Dieses Buch bietet eine kleine Auswahl an: die »Briefe aus der Ferne«, geschrieben in Mittelamerika (1953-54) und, später, aus Mexiko (1954-56). Anhand dieser Briefe können wir den grundlegenden Einfluss verfolgen, den die Reisen durch »unser Großes Amerika« auf die persönliche und politische Entwicklung des jungen Ernesto hatten. Humor und Ironie, beides integrale Merkmale seiner Persönlichkeit und seines Stils, durchziehen die Briefe, in denen er sich mit den Meinungen seiner Tante Beatriz auseinander setzt, sich über

seine finanzielle Situation lustig macht, seine Erfahrungen bei verschiedenen Arbeiten rekapituliert und für sich selbst die Wahrheit entdeckt, die Jahre später die ganze Welt bewundern sollte: »Lateinamerika wird die Bühne meiner Abenteuer sein, eine sehr viel wichtigere Bühne, als ich bisher gedacht habe.«

Zusätzlich zu den Briefen haben wir Fragmente aus seinem unvollendeten Tagebuch ausgewählt. In diesem Tagebuch sammelte Che mit leidenschaftlicher Beharrlichkeit Notizen über die vielen Ereignisse, die sein damaliges Leben berührten.

Die Geschwindigkeit, mit der die Ereignisse auf den Chronisten einstürmten, überforderten ihn und hielten ihn davon ab, die Notizen zu überarbeiten und eine endgültige Version seiner Beobachtungen zu schreiben, so wie er es mit den *Motor-*

cycle Diaries getan hatte. Die Fragmente, die wir für dieses Buch ausgewählt haben, sind also das unmittelbare Zeugnis ihres Verfassers, geschrieben im Rhythmus der Geschehnisse, von denen berichtet wird. Diese Unmittelbarkeit offenbart Ches herausragende Beobachtungsgabe und Fähigkeit zur Analyse. Das schließt sowohl den Blick auf sich selbst und seine Umgebung als auch die Genauigkeit seiner Beschreibungen ein, mit denen er eine gleichzeitig knappe wie umfassende Zusammenfassung der Fakten und Charaktere liefert.

Diese Aufzeichnungen sind ein weiteres Zeugnis dafür, dass der Verfasser eine Ethik entwickelt hat, die jeden Moment seines Lebens bestimmte. Es ist diese Ethik, die Che immer wieder aus seiner eigenen Asche auferstehen lässt.

—VC

Briefe aus der Ferne und Notizen aus einem unvollendeten Tagebuch (1953-54)

Einpaartiefrote Verse...

Meine liebe Mama,

du musst nicht meinen, dass der Briefkopf dazu dienen soll, Papa zu beunruhigen. Es gibt Anzeichen dafür, dass die Situation sich etwas bessert, und die finanziellen Perspektiven sind nicht mehr gar so hoffnungslos. Von dem Drama habe ich erzählt, weil es die Wahrheit ist und ich dachte, dass Papa mich für zäh genug hält, um mit allem Möglichen fertig zu werden – aber wenn ihr Märchen hören wollt, kann ich euch gerne mit ein paar hübschen dienen. Während der Zeit, in der ihr nichts von mir gehört habt, ist bei mir Folgendes passiert: Ich war mit Rucksack und Reisetasche unterwegs, teils zu Fuß, teils per Anhalter, teils (o Schande!) mit Hilfe der 10 Dollar, die ich von der Regierung bekommen hatte. Ich kam nach El Salvador, wo die Polizei ein paar meiner Bücher konfiszierte, die ich aus Guatemala mitgebracht hatte, doch ich kam durch, besorgte mir das Visum, um erneut in dieses Land einzureisen, diesmal vollkommen legal, und besuchte einige Ruinen der Pipiles, eines Stammes der Tlaxcalteken, die sich in den Süden aufmachten, um ihn zu erobern (ihr Zentrum lag in Mexiko). Sie blieben dort, bis die Spanier kamen.

Ihre Bauten haben nichts mit denen der Maya und noch weniger mit denen der Inka zu tun. Nach dieser Besichtigung verbrachte ich ein paar Tage am Strand, während ich die Entscheidung über mein Visum abwartete. Ich hatte es beantragt, um die Ruinen in Honduras zu besichtigen, die wirklich herrlich sein müssen. Geschlafen habe ich in meinem Schlafsack am Meer, und meine Diät habe ich hier nicht gerade strikt befolgt, aber diese Art von gesundem Leben hat mir sehr gut getan, wenn man mal von einem Sonnenbrand absieht. Ich habe mich mit einem Haufen Verrückter angefreundet, die, wie in Zentralamerika üblich, immer unter Strom stehen, und unter Alkoholeinfluss habe ich Propaganda für Guatemala gemacht und ein paar tiefrote Verse vorgetragen. Zum Schluss landeten wir alle im Knast, aber sie ließen uns sofort wieder frei, nachdem der gutmütige Polizeichef mir geraten hatte, lieber die Rosen am Nachmittag und andere schöne Dinge zu besingen. Ich ließ ihn reden.

Honduras hat mir kein Visum erteilt, weil ich einen Wohnsitz in Guatemala hatte; ich wollte dort einen Streik beobachten, an dem sich 25 Prozent der arbeitenden Bevölkerung beteiligen: ein Prozentsatz, der überall auf der Welt als hoch bezeichnet werden kann, den man aber in einem Land, in dem es kein Streikrecht gibt und Gewerkschaften verboten sind, als sensationell bezeichnen muss. Die Fruit Company schreit auf, und natürlich wollen Dulles & Co. in Guatemala intervenieren, wegen des schrecklichen Verbrechens, Waffen zu kaufen, wo sie angeboten werden – die Vereinigten Staaten verkaufen schließlich schon seit einiger Zeit nicht auch nur eine Patrone an Guatemala. [...]

Natürlich habe ich die Möglichkeit, dort zu bleiben, nicht einmal in Betracht gezogen. Zurück ging es über halb verlassene Strecken, wobei in meiner Brieftasche immer Ebbe herrschte, denn hier bekommt man für einen Dollar wenig mehr als eine Mango, und auch mit zwanzig kann man keine Wunder vollbringen. An einem Tag bin ich fast fünfzig Kilometer gelaufen (wahrscheinlich eine Übertreibung, aber es war sehr viel), und nach einigen Tagen landete ich beim Hospital der Fruit Company, wo es kleine, aber sehr hübsche Ruinen gibt. Hier gelangte ich zu der festen Überzeugung, dass ich von meiner südamerikanischen Herkunft nicht mehr überzeugt bin: Unsere Väter sind Asiaten (sag Papa, bald muss er seine Herkunft nachweisen!). Es gibt hier einige Basreliefs zu sehen, die Buddha darstellen und – alle Charakteristika weisen darauf hin – den Figuren der alten hindustanischen Kulturen aufs Haar gleichen. Die Landschaft hier ist herrlich, ich habe mich wie Silvestre Bonard an meinem Magen versündigt und mehr als einen Dollar ausgegeben, um Filme zu kaufen und einen Apparat zu leihen. Danach musste ich im Hospital um Essen betteln, aber ich konnte den Rucksack nur zur Hälfte füllen. Für die Bahnfahrt nach Guatemala hatte ich kein Geld mehr, und so bin ich zum Hafen von Barrios gegangen. Dort habe ich tonnenweise Teer entladen, 2,63 $ für zwölf Stunden harte Fronarbeit, an einem Ort, wo Millionen stechwütiger Moskitos lauern. Hinterher waren meine Hände kaputt und der Rücken krumm, aber ich muss dir gestehen, ich war ziemlich zufrieden mit mir. Ich habe von sechs Uhr abends bis sechs Uhr morgens gearbeitet, und geschlafen habe ich in einer verlassenen Hütte am Meer. Danach bin ich nach Guatemala gefahren, und hier sind die Aussichten besser. [...]

(Der Brief ist nicht so, weil ich ihn zerstreut geschrieben habe, sondern weil neben mir vier Kubaner sitzen und diskutieren.) [...]

Den nächsten werde ich in Ruhe schreiben, wenn es Neuigkeiten zu berichten gibt ...

Gruß an alle

Ich bin ein optimistischer Fatalist...

[...] Neun weitere Tage, um das Tagebuch zu füllen. Tage mit regem Innenleben und sonst nichts. Eine ganze Reihe verschiedener Fehlschläge und ein unerschütterliches Greifen nach Strohhalmen. Ich bin ganz offensichtlich ein optimistischer Fatalist. Mein Asthma bestimmt den Ablauf der Tage, die letzten habe ich im Zimmer verbringen müssen und bin kaum auf die Straße gekommen; doch gestern, Sonntag, sind wir mit den Venezolanern und Nicanor Mújica nach Amatitlán gefahren. Dort kam es zu einer heftigen Diskussion, alle waren gegen mich, außer Rojo, der aber der Meinung ist, dass es mir zum Diskutieren an der nötigen Reife mangele. Heute habe ich mir ein Hospital angesehen, wo ich vielleicht als Arzt arbeiten kann; achtzig Quetzals monatlich für eine Stunde Arbeit täglich. Das IGSS hat mir eine endgültige Absage erteilt. Solórzano war freundlich zu mir, aber kurz angebunden. Der Tag kann nur mit der üblichen Feststellung zu Ende gehen: Wir werden sehen.

Mein Leben war ein Meer widersprüchlicher Entscheidungen...

10. Dezember 1953
San José, Costa Rica

Mein liebes Tantchen [Beatriz],

mein Leben war ein Meer widersprüchlicher Entscheidungen, bis ich kurzentschlossen meinen Ballast abgeworfen und mich, Rucksack huckepack, mit meinem Freund García auf den verschlungenen Pfad begeben habe, der uns bis hierher geführt hat. In El Paso hatte ich die Gelegenheit, durch das Reich der United Fruit Company zu reisen, was mich wieder einmal davon überzeugt hat, wie schrecklich diese kapitalistischen Kraken sind. Vor einem Bild des alten, betrauerten Stalin habe ich geschworen, nicht eher zu ruhen, bis diese kapitalistischen Kraken vernichtet sind. In Guatemala werde ich mich schleifen und tun, was ich tun muss, um ein richtiger Revolutionär zu werden.

Ich muss dir erzählen, dass ich nicht nur als Arzt, sondern auch als Journalist arbeite und Vorträge halte, was mir (wenn auch nur wenige) Dollars einbringt.

Es umarmt und küsst Dich und so weiter, in Liebe

Dein Neffe, der eine eiserne Konstitution, einen leeren Magen und einen strahlenden Glauben an eine sozialistische Zukunft hat.

Ciao
Chancho

Sogar einen Skeptiker wie mich...

[...] Ich muss irgendwie meinen Weg machen, und ich glaube, dass es mir gelingen wird; aber ich glaube auch, dass mein Erfolg mehr das Ergebnis meiner natürlichen Anlagen – die besser sind, als mein Unterbewusstsein meint – als des Glaubens daran sein wird. Als ich hörte, wie die Kubaner ihre großspurigen, völlig ernst gemeinten Reden führten, fühlte ich mich neben ihnen wie ein kleiner Junge. Ich kann zehnmal objektivere Reden halten, ohne diese Banalitäten, ich kann eine Zuhörerschaft davon überzeugen, dass das, was ich sage, wahr ist. Der Unterschied ist, dass ich mich selbst nicht überzeugen kann, und das können die Kubaner. Ñico redet sich die Seele aus dem Leibe und entflammt sogar einen Skeptiker wie mich mit seiner Begeisterung. [...]

Die beiden Ichs, die sich in meinem Innern streiten: der Sozialist und der Reisende...

10. Mai 1954

Liebe gute Mama,

[...] Abgesehen davon, dass ich zuversichtlich in die Zukunft blicke, geht es mit meiner Aufenthaltsgenehmigung voran, wenn auch mit der Lahmarschigkeit, die für diese Länder hier typisch ist, und in einem Monat kann ich ins Kino gehen, ohne auf einen barmherzigen Nachbarn angewiesen zu sein. Ich habe einen Vorsatz gefasst, von dem ich, wie ich glaube, Papa bereits geschrieben habe; auch von meinen Plänen habe ich ihm erzählt. Ich habe beschlossen, am 15. aus der Pension auszuziehen und mich mit einem Schlafsack, den mir eine Argentinierin vermacht hat, in die Büsche zu schlagen. Auf diese Weise werde ich alle möglichen Orte kennen lernen können, außer El Petén, da man dort wegen der Regenzeit im Moment nicht im Freien schlafen kann. Ich werde einen Vulkan besteigen, denn ich habe schon seit langem Lust darauf, mir die Mandeln von Mutter Erde anzusehen (was für ein hübsches Bild!). Dies ist das Land der Vulkane, und für jeden Geschmack ist etwas dabei. Mein Geschmack ist schlicht, weder sehr anspruchsvoll noch sehr sportlich. In Guatemala könnte ich steinreich werden, wenn ich meinen Abschluss anerkennen lassen würde. Das ist eine Zeit raubende Prozedur, aber ich könnte eine Klinik eröffnen und mich auf Allergien spezialisieren (Lungenspezialisten gibt es hier jede Menge). Doch das wäre der übelste Verrat an den beiden Ichs, die sich in meinem Innern streiten: der Sozialist und der Reisende. [...]

Eine herzliche und feuchte Umarmung, denn hier regnet es den ganzen Tag (sehr romantisch, solange ich genügend Mate habe).

Mit Freunden, beim Aufstieg auf den
Popocatepetl, Mexiko.

Che mit Hilda Gadea, 1955

Folgende Ereignisse sind von historischer Bedeutung...

[...] Folgende Ereignisse sind von historischer Bedeutung, eine Bemerkung, die ich, wie ich glaube, zum ersten Mal in meinen Aufzeichnungen mache.

Vor einigen Tagen überquerten Flugzeuge von Honduras aus die Grenze nach Guatemala und überflogen die Hauptstadt. Am helllichten Tage nahmen sie Zivilisten und militärische Ziele unter Beschuss. Ich hatte mich zum Sanitätsdienst und als Helfer der Jungen Brigaden gemeldet, die nachts in den Straßen patrouillieren. Dann ereignete sich Folgendes: Nachdem die Flugzeuge wieder abgezogen waren, überschritten die Truppen unter dem Kommando von Oberst Castillo Armas, der von Guatemala nach Honduras emigriert war, die Grenze und marschierten auf Chiquimula zu. Die Regierung von Guatemala, die umgehend in Honduras Protest eingelegt hatte, ließ die Truppen einmarschieren, ohne Widerstand zu leisten, und brachte den Fall vor die Vereinten Nationen.

Kolumbien und Brasilien, die gehorsamen Erfüllungsgehilfen der Yankees, legten einen Plan vor, nach dem der Fall der OAS vorgelegt werden sollte, doch die UdSSR lehnte das ab und sprach sich für einen sofortigen Waffenstillstand aus. Die Invasoren versuchten die Masse mit Hilfe von aus Flugzeugen abgeworfenen Waffen zum Aufstand zu bewegen, hatten damit aber keinen Erfolg. Sie nahmen die Einwohner von Bananera gefangen und unterbrachen die Bahnverbindung nach Puerto Barrios. Das Ziel der Söldner war klar: Puerto Barrios sollte eingenommen und damit die Möglichkeit geschaffen werden, Waffen und Söldnertruppen ins Land zu holen. Dieser Plan trat zu Tage, als der Schoner »Siesta de Trujillo« bei dem Versuch ertappt wurde, Waffen im Hafen auszuladen. Die Schlussoffensive schlug fehl, aber die Angreifer richteten unter der Bevölkerung ein wahres Blutbad an und ermordeten Mitglieder der SETUFCO, der Angestellten- und Arbeitervereinigung der United Fruit Company, indem sie diese auf den Friedhof brachten und mit Handgranaten töteten.

Die Invasoren glaubten, dass sich ihnen die gesamte Bevölkerung auf ihren Aufruf hin anschließen würde, und warfen deshalb Waffen an Fallschirmen ab, aber das Volk unterstellte sich ohne Zögern dem Kommando von Präsident Arbenz. Während die Invasionstruppen gebremst, an allen Fronten geschlagen und sogar bis hinter Chiquimula an die Grenze nach Honduras zurückgedrängt werden konnten, starteten weitere Flugzeuge von den honduranischen und nicaraguanischen Basen aus und fuhren fort, die Fronten und die Städte unter Beschuss zu nehmen. Chiquimula wurde heftig bombardiert, und die Bomben, die auf Guatemala-City fielen, verletzten mehrere Menschen und töteten ein dreijähriges Mädchen.

Für mein Leben hier bedeutet das Folgendes: Zunächst meldete ich mich bei den Jungen Brigaden der Allianz, wo wir uns mehrere Tage lang sammelten, bis der Gesundheitsminister mich zur Casa de Salud del Maestro schickte. Dort bin ich jetzt stationiert. Ich meldete mich freiwillig an die Front, doch man gab mir keine Chance. Heute, Samstag, den 26. Juni, besuchte uns der Minister, aber leider war ich zu Hilda gefahren; ich ärgere mich schwarz, denn ich hatte den Minister darum bitten wollen, mich an die Front zu schicken. [...]

Mein Status ist keinesfalls der eines geschwätzigen Dilettanten...

12. Februar 1954

Meine innigst geliebte und niemals genug gepriesene Tante [Beatriz],

über deinen letzten Brief habe ich mich sehr gefreut, Ergänzung und Höhepunkt der beiden vorausgegangenen »Kapitelisten«, von denen ich nur einen erhalten habe, was wohl bedeutet, dass der demokratische Postbote die reiche Ausbeute gerecht verteilt hat.

Hör auf, mir Geld zu schicken, es wird dich so viel kosten wie alles Silber Perus. Die Dollarscheine liegen hier auf der Straße, und ich kann dir sagen, dass ich schon einen Hexenschuss habe vom vielen Bücken. Jetzt hebe ich nur noch jeden zehnten auf, nur um die öffentliche Sauberkeit und Ordnung aufrechtzuerhalten, denn es ist gefährlich, wenn so viel Papier herumliegt.

Mein Plan für die kommenden Jahre: wenigstens sechs Monate Guatemala, es sei denn, ich finde irgendeinen gut bezahlten Job, der es mir erlaubt, zwei Jahre zu bleiben. Wenn nicht, gehe ich für ein Jahr in ein anderes Land, um zu arbeiten, was bedeuten würde, nach Venezuela, Mexiko, Cuba oder in die Vereinigten Staaten (in der Reihenfolge abnehmender Wahrscheinlichkeit).

Wenn der Zweijahresplan in Kraft tritt, besuche ich danach die drei letztgenannten Länder, dazu noch Haiti und die Dominikanische Republik, und gehe anschließend nach Westeuropa, wo ich bleiben werde, bis ich die letzte Monetenpatrone verballert habe. Wenn Zeit oder Geld übrig bleibt, komme ich dich vorher noch besuchen, vielleicht mit irgendeinem Billigangebot oder einem Gratisflug oder per Schiff oder als Arzt oder so.

In diesem groben Plan gibt es zwei hochvariable Faktoren, die die Dinge in die eine oder andere Richtung lenken können. Der erste ist das Geld, was für mich nicht das Wichtigste ist, aber einen Aufenthalt abkürzen oder Reiserouten verändern kann. Der zweite und entscheidende Faktor ist die politische Situation. MEIN STATUS IST KEINESFALLS DER EINES GESCHWÄTZIGEN DILETTANTEN. ICH HABE EINE WICHTIGE FUNKTION ALS BERATER DER REGIERUNG GUATEMALAS UND DES PGT, DER KOMMUNISTEN. ICH HABE AUCH KONTAKTE ZU LINKSGERICHTETEN INELLEKTUELLEN, DIE HIER EIN MAGAZIN HERAUSGEBEN. UND ICH ARBEITE ALS ARZT BEI DEN GEWERKSCHAFTEN. DESWEGEN LIEGE ICH MIT DER TOTAL REAKTIONAEREN MEDIZINAKADEMIE IM CLINCH. ICH kann mir vorstellen, was du über diesen Punkt alles zu sagen und anzumerken hast, aber zumindest kannst du mir nicht vorwerfen, nicht offen zu dir zu sein.

Auf der Basis meiner begrenzten persönlichen Erfahrung in der Sozialmedizin schreibe ich ein sehr ambitioniertes Buch über dieses Gebiet, was mich vermutlich zwei Jahre in Anspruch nehmen wird. Es trägt den Titel *Die Rolle des Arztes in Lateinamerika*. Der Plan dazu ist bereits ausgearbeitet, und ich habe die ersten zwei Kapitel geschrieben. Ich glaube, dass mit ein wenig Geduld und methodischem Vorgehen etwas Gutes dabei herauskommen kann.

Mit einer unerschrockenen Umarmung von deinem proletarischen Neffen.

P.S. Wichtig: Schreib mir, was du mit der Wohnung zu tun gedenkst und ob es möglich ist, dir Bücher zum Aufbewahren zu schicken. Keine Angst, sie sind nicht kompromittierend.

Man nennt mich hier »Schebol«, und weitere Repressionen werden folgen...

[...] Zwei Tage voller politischer Ereignisse, die für mich persönlich allerdings kaum von Bedeutung waren. Die Ereignisse: Arbenz gab dem Druck einer nordamerikanischen Militärdelegation nach, die mit massiven Bombardierungen und der Kriegserklärung von Honduras und Nicaragua drohte, was die Einmischung der Vereinigten Staaten zur Folge gehabt hätte. Was Arbenz vielleicht nicht vorausgesehen hatte, geschah prompt: Am ersten Tag trafen sich die Obersten Sánchez und der erklärtermaßen antikommunistische Fejo Monzón mit Díaz, und als Erstes wurde ein Dekret erlassen, in dem der PGT für illegal erklärt wurde. Gleich darauf begannen die Verfolgungen, und die Botschaften füllten sich mit Asylsuchenden. Doch das Schlimmste kam am nächsten Tag, als Díaz und Sánchez zurücktraten, so dass Monzón alleine an der Spitze der Regierung verblieb, zusammen mit zwei ihm unterstellten Oberst-leutnants. Wie es hieß, ergaben sie sich bedingungslos Oberst Castillo Armas und verkündeten, dass jeder, bei dem man verbotene Waffen fand, standrechtlich erschossen würde. Meine Situation ist ungefähr folgende: Man wird mich wohl vom Dienst in dem Hospital, in dem ich stationiert bin, suspendieren, wahrscheinlich schon morgen, denn man nennt mich hier »Schebol« (eine Verdrehung des Wortes »Bolschewik«), und weitere Repressionen werden folgen.

Porträts:
Guatemala

[...] Weitere Tage in der Botschaft sind vergangen, ohne dass sich etwas für mich ergeben hätte. Die Regierung von Castillo Armas sitzt fest im Sattel. Nach der Festnahme mehrerer Militärs war der Spuk zu Ende. Das Zusammenleben in der Botschaft veranlasst mich, die Leute, die mit mir ein Zimmer teilen, näher unter die Lupe zu nehmen.

Roberto Castañeda: Guatemalteke, von Beruf Fotograf, allerdings kein besonders guter, außerdem Tänzer. Auf mich macht er den Eindruck eines künstlerischen Menschen mit wacher Intelligenz und einem Hang zum Perfektionismus bei allem, was er tut. Er reiste hinter den Eisernen Vorhang und ist ein aufrichtiger Bewunderer all jener Dinge dort, wenn er auch nicht der Partei beigetreten ist. Ihm fehlen theoretische Kenntnisse des Marxismus, und vielleicht ist er auf Grund seiner, sagen wir, bürgerlichen Herkunft kein guter Revolutionär; aber wenn die Stunde des Handelns kommt, wird er sicherlich mit von der Partie sein. Mich beeindruckt an diesem wunderbaren Menschen die Art, wie er sein Privatleben organisiert, außerdem zeigt er so gut wie gar nicht das feminine Gebaren eines Tänzers.

Luis Arturo Pineda: Guatemalteke, 21 Jahre, Mitglied des PGT. Ein ernster Junge, stolz auf seine kämpferischen Fähigkeiten, glaubt fest an die Unfehlbarkeit der Partei. Sein größter Wunsch ist es, Parteisekretär in Guatemala oder vielleicht ganz Lateinamerika zu werden und Malenkow die Hand zu schütteln. Von seiner militanten Orthodoxie aus blickt er verächtlich auf alles herab, was sich nicht der Parteidisziplin unterwirft. Er hält sich für sehr intelligent, ist es aber nicht; doch dumm ist er auch nicht, ganz im Gegenteil. Auf Grund seiner Militanz wäre er zu jedem Opfer für die Partei bereit.

Ricardo Ramírez ist vielleicht einer der fähigsten Jugendführer. Offenbar hat die Partei ihm ein Zuhause gegeben, ein Zuhause, das er in seiner Jugend nicht gekannt hat, oder besser gesagt, in seiner Kindheit, denn er ist eben erst 23 geworden. Er will nach Buenos Aires, und es wird ihm gut tun, Erfahrungen in der Partei zu machen. Er besitzt einen hohen Bildungsgrad, und seine Art, Probleme anzugehen, ist sehr viel weniger dogmatisch als die anderer Genossen.

Humberto Pineda wird von uns allen und von den Botschaftsangehörigen als Sprecher unserer Gruppe akzeptiert. Ebenso wie seine Söhne hat er sein aufbrausendes Wesen zugunsten einer vernünftigen Gelassenheit überwunden. Weder seine intellektuellen Fähigkeiten noch seine Ausbildung sind bemerkenswert, doch es gelingt ihm, die in ihn gesetzten Erwartungen zu erfüllen, und er ist ein guter Revolutionär.

Lateinamerika wird die Bühne für meine Abenteuer sein...

Guatemala, April 1954

Liebe gute Alte,

[...] Es freut mich, dass du eine so hohe Meinung von mir hast. Allerdings kann ich mir nur schwer vorstellen, dass ich mich später ausschließlich mit Archäologie beschäftigen werde. Ich finde es einigermaßen absurd, mein Leben darauf auszurichten, etwas zu erforschen, das unwiederbringlich tot ist. Zweierlei aber weiß ich ganz sicher: Wenn ich meine wirklich schöpferische Phase so um die 35 erreiche, werde ich mich ausschließlich (oder zumindest hauptsächlich) der Atomphysik, der Genetik oder einem ähnlichen Thema widmen, das die interessantesten Aspekte des Wissens miteinander verbindet. Das Zweite ist, dass Lateinamerika die Bühne für meine Abenteuer sein wird, eine viel wichtigere Bühne, als ich bisher gedacht habe. Ich glaube, dass mir dieser Kontinent vertraut geworden ist, und ich fühle mich als Südamerikaner, dessen Wesen sich von dem jedes anderen Volkes der Welt unterscheidet. Natürlich werde ich auch die übrige Welt bereisen. [...]

Das große Abenteuer hat einen glücklichen Anfang genommen, und nun bin ich hier in Mexiko, aber ich habe nicht die geringste Idee, wie es weitergehen soll«, schreibt Ernesto Mitte September 1954 in sein Tagebuch. Diese impulsiven und aufschlussreichen Notizen bieten uns weitere Schlüssel zum Verständnis seines Lebens und der Themen, zu denen Ernesto immer wieder zurückkehrt: der Überlebenskampf in der neuen Stadt, das Fotografieren als Beruf und Einnahmequelle, sein Interesse an der Wissenschaft, besonders der Medizin.

Inmitten dieser »Kette von Hoffnungen und Enttäuschungen, die für mein proletarisches Leben so typisch ist« berichtet Ernesto in den Briefen an seine Eltern und seine Tante über das, was er erlebt und gelernt hat. Mehr als das Lesen und eifrige Studieren der Philosophie, Geschichte und Literatur schärften die Einsichten, die er auf seiner Abenteuerreise durch Lateinamerika gewann, seinen Blick und

führten ihn zu jenem persönlichen Engagement, das noch heute Millionen von Menschen begeistert.

Ernestos Erfahrungen in Guatemala sind zweifellos ein Meilenstein im endlosen Prozess des Hinterfragens der Realität und des aktiven Trachtens nach persönlicher Veränderung. Mexiko war Ort wichtiger Ereignisse in Ernestos Privatleben, wie zum Beispiel die Geburt seines ersten Kindes Hildita. Er kommentiert seine neue Rolle als Vater mit Freude und Neugier: »Jetzt möchte ich euch von dem Baby erzählen ...«

Entschlossen, die Welt um sich herum zu entdecken, fordert Ernesto seine eigene Willenskraft heraus, egal in welcher Situation oder welchem Klima. Mit einer Gruppe von Freunden beteiligt er sich an einer Expedition auf den Gipfel des Popocatepetl: vielleicht eine Metapher für die späteren, größeren Unternehmungen in seinem Leben und für die ständigen Spannungen zwischen seinem Willen und den Herausforderungen, die er annimmt.

Die ersten Begegnungen mit den kubanischen Revolutionären in Guatemala führen Ernesto auf einen neuen Weg des Abenteuers, der Suche und Erkundung. Diese Möglichkeit wird konkreter in Mexiko, durch eine Begebenheit, die er in seinem Tagebuch wie beiläufig notiert: »Ich habe die Bekanntschaft von Fidel Castro gemacht, dem kubanischen Revolutionär, jung, intelligent, sehr selbstbewusst und außerordentlich mutig. Ich glaube, wir sind uns sympathisch.«

Wenn wir die Entwicklung seiner politischen Ideen, seiner politischen

Kenntnisse, seiner Zweifel und Gewissheiten verfolgen können, dann verdanken wir das vor allem seinen Briefen. Und indem er in seinem unvollendeten Tagebuch die Kritik derer, die er innig liebte – wie zum Beispiel seine Mutter – kommentiert, interpretiert und entkräftet, thematisiert er die Grenzen seiner Einsamkeit und momentanen Enttäuschungen sowie seine sich entwickelnden Überzeugungen.

Aus diesen Schriften wissen wir, dass der junge Ernesto Guevara de la Serna während seiner beharrlichen Reise an einen Wendepunkt gelangte. Die Nadel an der Waagschale begann zu einer Seite auszuschlagen: zur Geschichte der Jahre, die vor ihm liegen.

Che kündigt diese Wende vermittels Anekdoten aus dem täglichen Leben an: »Aus fünf verschiedenen Arbeitsstellen, die mir versprochen wurden, ist nichts geworden. Ich habe daher als Kameramann bei einer kleinen Filmgesellschaft angefangen und mache rasche Fortschritte. Meine Zukunftspläne sind vage, aber ich hoffe, einige Forschungsarbeiten zu Ende führen zu können. Dieses Jahr kann für meine Zukunft wichtig werden. Meine Arbeit in den Hospitälern habe ich inzwischen aufgegeben. Ich werde meine Aufzeichnungen detailliert fortsetzen.«

Jenes Jahr wird ihn in ein neues Land aufbrechen sehen, nach Kuba, wo der Kampf für »unser Großes Amerika« eine neue und hoffnungsvollere Gestalt annehmen wird.

—VC

04

Briefe aus der Ferne und Notizen aus einem unvollendeten Tagebuch: Mexiko (1954-56)

Nun bin ich hier in Mexiko...

[...] Das große Abenteuer hat einen glücklichen Anfang genommen, und nun bin ich hier in Mexiko, aber ich habe nicht die geringste Idee, wie es weitergehen soll. Voller Zweifel hatte ich mich der Grenze genähert. Sie zu überqueren war ein Kinderspiel, allerdings bekam ich es auf mexikanischer Seite mit Bestechungsprofis zu tun. Ich tat mich sogleich mit einem netten Kerl aus Guatemala zusammen, einem Ingenieurstudenten namens Julio Roberto Cáceres Valle. Er scheint ebenfalls vom Reisen besessen zu sein und trägt sich mit dem Gedanken, später nach Veracruz zu gehen und von dort aus den großen Sprung zu wagen. Gemeinsam fuhren wir nach Mexiko, und nun bin ich alleine, aber vielleicht kommt er zurück. [...]

Die USA habe ich nach wie vor gefressen...

November 1954

Meine liebe gute Alte,

(ich habe dich mit dem Datum verwirrt)

[...] Dir über mein Leben berichten heißt mich wiederholen, denn ich mache nichts Neues. Das Fotografieren bringt genug ein, um zu überleben, und es besteht kein besonderer Grund zu der Hoffnung, dass ich es in nächster Zukunft aufgeben kann, auch wenn ich jeden Morgen in zwei Krankenhäusern im Labor arbeite. Ich glaube, das Beste für mich wäre, wenn ich einen Job als Landarzt finden könnte, irgendwo in der Nähe der Hauptstadt, das würde es einfacher machen, meine Zeit für einige Monate der Medizin zu widmen. Jetzt, wo ich mich mit Leuten austausche, die in den Vereinigten Staaten studiert haben und in Bezug auf ihre Kenntnisse in der Schulmedizin alles andere als dumm sind, wird mir bewusst, wie viel ich bei Pisani über Allergien gelernt habe. Ich glaube, Pisanis Methode ist um Lichtjahre besser, und so möchte ich mich mit allen Einzelheiten seiner Arbeitsweise vertraut machen, dann kann ich überall auf eigenen Beinen stehen. [...]

Ich schufte hier wie ein Kuli, morgens im Hospital und nachmittags und sonntags als Fotograf, und nachts versuche ich ein wenig zu studieren. Ich glaube, ich habe dir schon erzählt, dass ich gut untergebracht bin, ich kann mir meine eigenen Mahlzeiten kochen und auch sonst alles machen, zum Beispiel jeden Tag baden, weil ich so viel heißes Wasser verbrauchen kann, wie ich will.

Wie du siehst, habe ich mich in dieser Beziehung geändert, aber sonst bin ich derselbe geblieben, meine Kleider wasche ich nicht sehr oft, und wenn, dann nur sehr schlecht, aber um sie in eine Wäscherei zu bringen, verdiene ich nicht genug.

Den Traum von einem Stipendium habe ich aufgegeben, es sieht so aus, als habe man in so einem großen Land nichts zu erwarten; du machst deinen Kram, und das war's. Wie du weißt, neige ich zu rigorosen Entscheidungen, und hier zahlt es sich aus. Alle sind träge, aber sie stehen anderen Leuten nicht im Weg, wenn die etwas zu Stande bringen, und so habe ich freie Hand, sowohl hier als auch in jedem anderen Land, in das ich gehen werde. Natürlich verliere ich dabei nicht mein Ziel aus den Augen, nämlich Europa, wohin ich auf jeden Fall gehen werde, egal was geschieht.

Die USA habe ich nach wie vor gefressen; aber New York will ich auf jeden Fall kennen lernen. Ich habe nicht die geringste Angst davor und bin überzeugt davon, dass ich das Land als Anti-Yankee verlassen werde, so wie ich als Anti-Yankee hingefahren sein werde (falls ich tatsächlich hinfahre).

Ich bin froh, dass die Leute ein wenig aufwachen, obwohl ich nicht weiß, was sie leitet. Aber egal, die Wahrheit ist, dass Argentinien so unentschieden ist, wie man nur sein kann, auch wenn das Bild, das wir hier bekommen, im Allgemeinen darauf hinzuweisen scheint, dass das Land beachtliche Fortschritte macht und vollauf in der Lage sein wird, sich aus der Krise zu befreien, die die Yankees heraufbeschwören, indem sie ihre überschüssigen Nahrungsmittel dort abladen. [...]

Kommunisten haben nicht den gewöhnlichen Sinn für Freundschaft, doch unter den Genossen ist er genauso oder besser entwickelt als bei euch. Das konnte ich bei der Katastrophe in Guatemala genau beobachten, nachdem die Regierung gestürzt worden und jeder auf sich alleine gestellt war. Die Kommunisten hielten an ihrem Glauben und ihrer Kameradschaft fest, sie bildeten die einzige Gruppe, die dort weiterarbeitete.

Ich glaube, dass sie allen Respekt verdienen, und früher oder später werde ich in die Partei eintreten; aber was mich im Moment noch von diesem Schritt abhält, ist mein sehnlicher Wunsch, in Europa herumzureisen, und das könnte ich nicht tun, wenn ich mich dieser strengen Disziplin unterwerfe.

Bis dann in Paris, Mama

Eine Kette von Hoffnungen und Enttäuschungen, die für mein Leben als Proletarier typisch ist ...

[...] Die Tage vergehen in einer Kette von Hoffnungen und Enttäuschungen, die für mein Leben als Proletarier typisch ist. Das mit der Arbeit auf der Buchmesse war ein Traum, der bereits ausgeträumt ist, aber ich habe bereits einen neuen, noch schöneren, wenn auch ebenso unsicheren: Der Chef der *Agencia Latina* hat mir eine Stelle angeboten, die mir rund 500 Pesos monatlich für drei Tage in der Woche einbringen würde. Ich soll Berichte über die Ereignisse in Mexiko schreiben. Noch arbeite ich als Fotograf, allerdings habe ich immer weniger Lust dazu. Es liegt die Entscheidung in der Luft, auf eigene Rechnung zu arbeiten, doch dafür fehlt uns das Geld.

Der Weg war ziemlich weit, und es gab viele Rückschläge...

[Mexiko, Ende 1954]

Meine liebe gute Alte,

[...] Was die Unterschiede unserer Auffassungen betrifft, die deiner Meinung nach größer werden, kann ich dir versichern, dass sich das bald ändern wird. Zu dem, was du so sehr fürchtest, führen zwei Wege: der positive Weg der ursprünglichen Überzeugung oder der negative durch eine totale Ernüchterung. Ich bin zuerst den zweiten gegangen, um mich jedoch bald davon zu überzeugen, dass man dem ersten folgen muss. Die Art, wie die Gringos mit Südamerika umspringen (du erinnerst dich: Gringos sind Yankees), hat mich in wachsendem Maße empört; aber gleichzeitig habe ich die Gründe für ihr Vorgehen studiert und eine wissenschaftliche Erklärung gefunden.

Dann passierte das in Guatemala und all das, was nur schwer zu beschreiben ist. Hart ist es zu sehen, wie sich der Gegenstand der Begeisterung in nichts auflöst, wenn jene Herren es so wollen; wie schnell das neue Märchen von Schuld und Kriminalität der Roten gesponnen wurde und wie sich die verräterischen Guatemalteken dazu hergaben, dieses Märchen zu verbreiten, nur um einige Brosamen vom neuen Kuchen abzubekommen. In welchem Moment ich das Analysieren aufgab, um zu so etwas wie Glauben zu gelangen, kann ich dir nicht sagen, auch nicht annähernd, denn der Weg war ziemlich weit, und es gab viele Rückschläge. [...]

Ich glaube, wir sind uns sympathisch...

[...] Ich habe die Bekanntschaft von Fidel Castro gemacht, dem kubanischen Revolutionär, jung, intelligent, sehr selbstbewusst und außerordentlich mutig. Ich glaube, wir sind uns sympathisch ...

Ich möchte euch erzählen, was passiert ist...

Mexiko, 6. Juni 1956, Staatsgefängnis

Liebe Eltern,

ich habe deinen Brief (Vater) hier in meiner neuen, hochherrschaftlichen Staatsvilla von Miguel Schultz erhalten, zusammen mit einem Besuch von Petit, der mir von euren Sorgen berichtet hat. Um euch eine Vorstellung zu geben, möchte ich euch erzählen, was passiert ist.

Vor einer Weile, einer ziemlich langen Weile, hat mich ein junger Kubaner aufgefordert, seiner Bewegung beizutreten, einer Bewegung für den bewaffneten Befreiungskampf seines Landes. Natürlich bin ich der Aufforderung nachgekommen. Um den Haufen Jungs, der irgendwann auf Kuba landen will, körperlich fit zu machen, habe ich die letzten Monate damit zugebracht, sie unter dem Deckmantel eines Lehrers auszubilden. Am 21. Juni (ich hielt mich gerade außerhalb von Mexiko-City auf, auf einer Farm in der näheren Umgebung), wurde Fidel mit einigen Kameraden verhaftet, und die Adresse der Farm, auf der wir uns befanden, wurde gefunden, so dass wir ihnen alle ins Netz gingen. Ich hatte Papiere bei mir, die mich als russischen Studenten auswiesen, was genügte, mich als wichtiges Mitglied der Organisation zu betrachten, und die Nachrichtenagenturen, die Vater so bewundert, posaunten das in die ganze Welt hinaus.

Das ist die Zusammenfassung dessen, was in der vergangenen Zeit passiert ist. Die Zukunft zerfällt in zwei Teile, die mittel- und die kurzfristige. Was die mittelfristige Zukunft betrifft, so muss ich euch sagen, dass sie mit der Kubanischen Revolution verbunden ist. Entweder werde ich mit ihr siegen oder dort sterben. (Das erklärt den etwas rätselhaften und romantischen Brief, den ich vor einiger Zeit geschrieben habe.) Über die unmittelbare Zukunft kann ich nur wenig sagen, weil ich nicht weiß, was aus mir wird. Mein Schicksal liegt in der Hand der Richter, und es wird leicht für sie sein, mich nach Argentinien auszuweisen, es sei denn, ich schaffe es, in irgendeinem Drittland Asyl zu bekommen, was wohl gut für mein politisches Wohl wäre.

Auf jeden Fall muss ich meiner neuen Bestimmung folgen, bleibe ich in diesem Gefängnis oder verlasse es als freier Mann. Hilda wird nach Peru zurückgehen, wo es jetzt eine neue Regierung gibt, die eine Amnestie für Politische verkündet hat.

Aus naheliegenden Gründen wird es von jetzt an weniger Post von mir geben. Übrigens hat die mexikanische Polizei die reizende Angewohnheit, verdächtige Briefe zu beschlagnahmen, schreibt also nur über Familienangelegenheiten oder Alltägliches. Gebt Beatriz einen Kuss von mir und erzählt ihr, warum ich nicht schreibe und warum sie mir im Moment keine Zeitungen zu schicken braucht.

Wir stehen kurz vor einem Hungerstreik wegen der ungerechtfertigten Verhaftungen und der Folter, der einige meiner Genossen ausgesetzt waren. Die Moral der Gruppe ist gut.

Schreibt für die nächste Zeit an meine Privatadresse.

Wenn ich aus irgendeinem Grund meine, dass ich nicht mehr schreiben kann und mich zu den Verlierern zählen muss, betrachtet diese Zeilen als meinen Abschiedsbrief, vielleicht einen zwar nicht sehr pathetischen, dafür aber aufrichtigen.

Ich bin mein ganzes Leben lang herumgestolpert auf der Suche nach meiner eigenen Wahrheit, und irgendwo unterwegs, mit einer Tochter, in der ich fortleben werde, hat sich der Kreis geschlossen. Von nun an würde ich meinen Tod nicht mehr als Misserfolg ansehen, oder nur in dem Sinne, in dem Hikmet es tat: »Wenn ich zu Grabe getragen werde, beklage ich nichts weiter, als dass ein Lied unvollendet bleibt.«

Es küsst euch alle,
Ernesto

Im Gefängnis »Miguel E. Schultz«, Mexiko, 1956

Heute fühle ich mich wie der liebe Opa...

[...] Heute fühle ich mich ein wenig wie der liebe Opa, der gute Ratschläge gibt: Patojo ist mit seinem »nervigen« Bruder nach Guatemala abgereist. Der Grund dafür ist ein Gespräch, in dem ich ihm gesagt habe, dass er vor etwas fliehe und nicht kämpfe, wie er es in einem Brief an seine Mutter behauptet, den er mir vorlas. Am nächsten Tag entschied er sich zur Rückkehr, und nur kurz darauf schloss sich ihm sein Bruder an. Außer dem Geld, das ich ihm bereits früher geliehen hatte, gab ich ihm weitere 150 Pesos, die ich mir von Piaza borgte. Ich befinde mich in einer schwierigen Situation, denn ich hoffe auf das Geld von der *Agencia Latina*, aber sie halten mich hin und lösen ihre Versprechungen nicht ein. Auf wissenschaftlichem Gebiet habe ich große Erwartungen, obwohl die Realität noch keinen Anlass dafür gibt. Ich habe mit den Vorbereitungen für das Elektrophorese-Projekt mit Filterpapier begonnen und hoffe in ein bis zwei Wochen mit der eigentlichen Arbeit beginnen zu können. Ich schreibe selten nach Hause, so dass ich nicht viel von dort weiß.

Leidenschaft ist vonnöten für jedes grosse Werk …

Mexiko, 15. Juli 1956

Ich bin weder Christ noch Philanthrop, Mama, ich bin das genaue Gegenteil eines Christen, und Philanthropie kommt mir [unlesbar] vor; aber für das, woran ich glaube, kämpfe ich mit allen Waffen, die mir zur Verfügung stehen, und ich versuche, den anderen umzulegen, anstatt mich an ein Kreuz oder sonst was nageln zu lassen. Was den Hungerstreik betrifft, liegt ihr völlig falsch: Wir haben ihn zweimal begonnen, und beim ersten Mal haben sie 21 der 24 Gefangenen freigelassen; beim zweiten Mal haben sie angekündigt, Fidel Castro, den Kopf der Bewegung, freizulassen, was morgen passieren wird. Und wenn sie tun, was sie sagen, werden nur zwei von uns im Gefängnis bleiben. Ihr dürft nicht glauben, wie Hilda angedeutet hat, dass die beiden, die bleiben, geopfert worden sind. Wir sind einfach nur die beiden, deren Papiere nicht in Ordnung sind, und deswegen können wir nicht dieselbe Behandlung erwarten wie unsere Genossen. Mein Plan ist es, in das nächstbeste Land zu gehen, das mir Asyl gewährt – was schwierig werden könnte wegen des inter-amerikanischen Rufes, den sie mir angehängt haben –, und mich dort auf den Moment vorzubereiten, in dem meine Dienste gebraucht werden. Wie schon gesagt, werde ich wahrscheinlich für eine mehr oder weniger lange Zeit nicht schreiben können.

Was mich wirklich umbringt, ist euer mangelndes Verständnis für all das hier und euer Rat, mich zurückzuhalten, mehr an mich selbst zu denken etc., was die verabscheuungswürdigsten Eigenschaften sind, die ein Mensch besitzen kann. Nicht nur, dass ich nicht zurückhaltend bin, nein, ich werde immer versuchen, es nicht zu sein, und sollte ich merken, dass die heilige Flamme in mir zu einem zaghaften kleinen Votivlichtlein geworden ist, dann bleibt mir nichts anderes mehr, als auf meine eigene Scheiße zu kotzen. Was eure Ermahnung zur ichbezogenen Zurückhaltung angeht, die man als primitiven, rückgratlosen Individualismus bezeichnen muss, so kann ich euch sagen, dass ich eine Menge getan habe, um solche 20.-Jahrhundert-Tugenden in mir auszulöschen. Ich meine nicht so sehr den früheren, ängstlichen Jungen, den ich nicht wirklich kenne, sondern den anderen, den leichtlebigen Bohemien, dem sein Nachbar gleichgültig ist, ausgestattet mit einer Selbstüberschätzung auf Grund eines – irrigen oder sonstigen – Bewusstseins seiner eigenen Stärke. Während dieser Tage im Gefängnis und davor bei unserem

Training habe ich mich vollkommen mit meinen Genossen identifiziert. Ich rufe mir einige Worte ins Gedächtnis zurück, die ich früher für schwachsinnig oder zumindest für befremdend gehalten hätte, Worte, die sich auf die totale Identifizierung zwischen den Mitkämpfern beziehen, darauf, dass das »Ich« völlig im »Wir« aufgehen muss. Dies ist das kommunistische Prinzip, es mag übertrieben doktrinär anmuten, doch es war und ist ein wirklich wunderbares Gefühl, das Ich im Wir verschwinden zu sehen.

(Die Flecken stammen nicht von Blut und Tränen, es ist Tomatensaft.)

Ihr liegt vollkommen falsch, wenn ihr glaubt, dass Zurückhaltung und Ichbezogenheit große Erfindungen oder Kunstwerke hervorbringen. Leidenschaft ist vonnöten für jedes große Werk, Kühnheit in großen Portionen, Eigenschaften, die wir als menschliche Wesen im Allgemeinen besitzen. Und noch etwas Seltsames bemerke ich an euch: Ihr sprecht immer wieder vom lieben Gott. Ich hoffe nur, dass ihr nicht in die Schafherde eurer Jugend zurückkehrt. Auch kann ich euch nur sagen, dass die SOS-Rufe, die ihr aussendet, völlig nutzlos sind: Petit hat sich aus dem Staub gemacht, Lezica weicht dem Problem aus und hat Hilda (gegen meinen ausdrücklichen Willen) einen Vortrag über die Verpflichtungen des politischen Exils gehalten, Raúl Lynch benahm sich höflich-distanziert, und Padilla Nervio sagte, sie gehöre einem anderen Ministerium an. Sie könnten alle helfen, aber nur unter der Bedingung, dass ich meinen Idealen abschwöre, und ich kann nicht glauben, dass ihr lieber einen lebenden Barabbas zum Sohn hättet als einen Sohn, der an dem Ort stirbt, an dem er das tut, was er als seine Pflicht ansieht. Eure Rettungsaktionen setzen sie nur unter Druck, und mich auch.

Noch einmal: Wenn in Kuba Gerechtigkeit hergestellt ist, werde ich ganz sicher irgendwo anders hingehen, denn wenn ich in irgendeinem Büro oder irgendeiner Allergieklinik eingesperrt werde, bin ich im Arsch, das ist genauso sicher. Alles in allem glaube ich, dass der Kummer einer Mutter, die alt wird und will, dass ihr Sohn lebt, Respekt verdient und ich mich mit ihm auseinander setzen muss, mehr noch, dass ich mich mit ihm auseinander setzen will. Ich würde dich gerne sehen, nicht nur um dich zu trösten, sondern auch, um mich selbst über mein gelegentliches, beschämendes Heimweh hinwegzutrösten.

Es küsst dich, meine liebe Alte, und verspricht dir, dich zu besuchen, wenn nichts dazwischenkommt,

dein Sohn CHE

Ich bin Vater…

[…] Viel Zeit ist vergangen, und viel Neues ist passiert. Ich zähle nur die wichtigsten Ereignisse auf: Seit dem 15. Februar 1956 bin ich Vater. Unsere Erstgeborene heißt Hilda Beatriz Guevara.

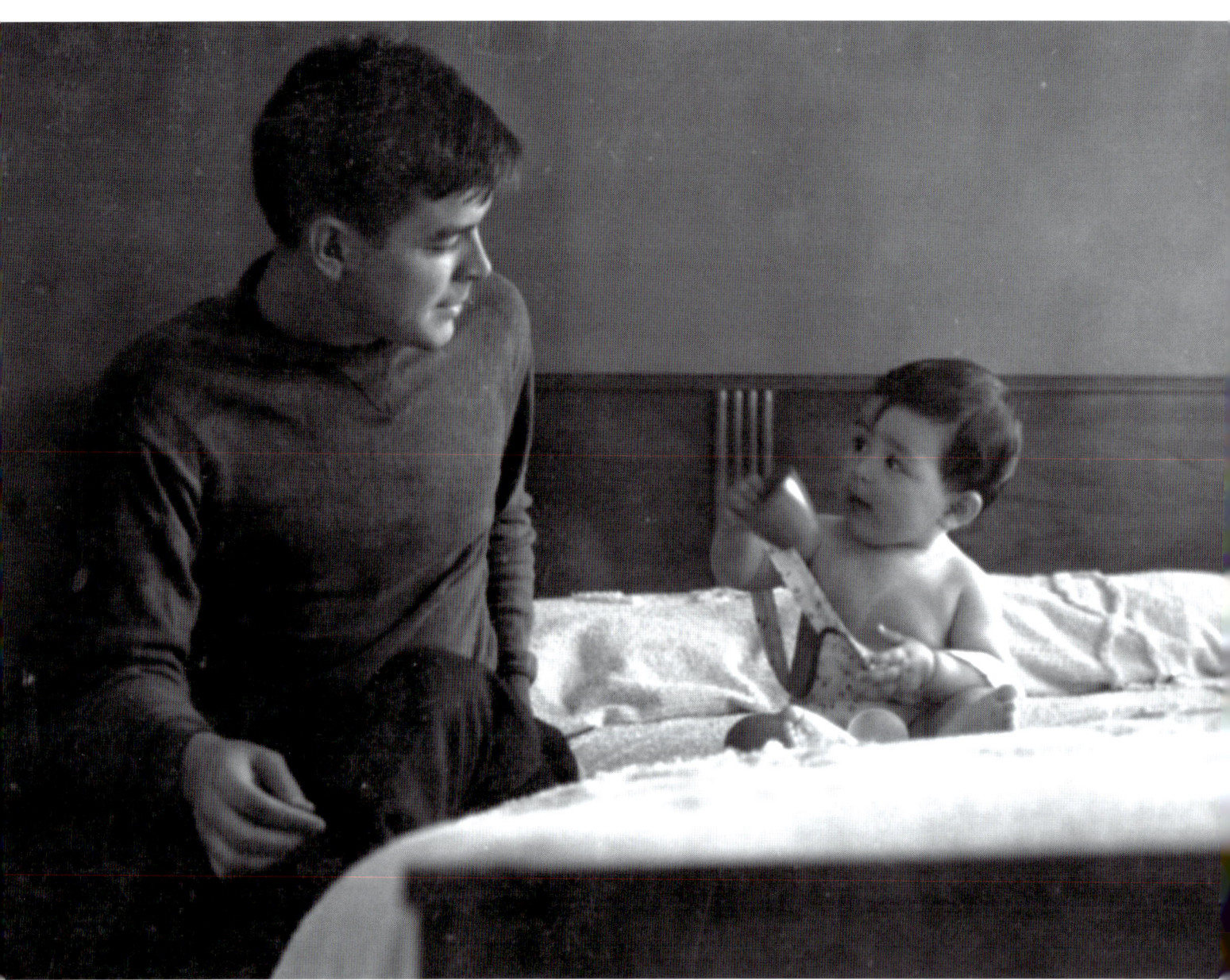

Nun möchte ich dir etwas über das Kind erzählen...

Mexiko, 13. April 1956

Liebe Mama,

[...] Ich hatte es mir sogar schon abgewöhnt zu schreiben, doch dann habe ich mich davon überzeugt, dass es die einzige Möglichkeit ist, Neuigkeiten aus den höchsten Kreisen von Buenos Aires zu bekommen. [...]

Nun möchte ich dir etwas über das Kind erzählen. Ich bin sehr glücklich. Mein Kommunistenherz platzt vor Freude – sie sieht aus wie Mao Tse-tung: dieselbe Neigung zur Kahlköpfigkeit auf dem Hinterkopf, die gütigen Augen des großen Führers und die hervortretenden Wangenknochen. Im Moment wiegt sie weniger als fünf Kilo, aber das wird schon noch mit der Zeit. Sie ist verwöhnter als andere Kinder und isst genauso, wie ich es den Erzählungen ihrer Großmutter zufolge getan habe: Sie saugt ohne zu atmen, bis ihr die Milch aus der Nase kommt.

Schutzschild in der Hand, mit all meiner Fantasie...

[etwa Oktober 1956]

Liebe Mama,

[...] Wie du dich erinnern wirst – und wenn nicht, dann erinnere ich dich jetzt daran –, habe ich an einem Buch über die Rolle des Arztes in Lateinamerika gearbeitet, aber erst ein paar Kapitel fertig geschrieben, die sich nach einem Pamphlet mit einem Titel wie »Körper und Seele« anhören. Es ist nichts als Schrott, schlecht geschrieben, jede Zeile ein Beweis völliger Ignoranz in Bezug auf die Grundlagen des Themas. Also entschloss ich mich zu studieren. Dann, als ich wieder mit dem Schreiben begann, musste ich feststellen, dass es meiner abenteuerlichen Flugbahn widersprach, und so beschloss ich, mich erst einmal um die wesentlichen Dinge zu kümmern, mich zuerst mit der Ordnung der Dinge auseinander zu setzen, Schutzschild in der Hand, mit all meiner Fantasie, und dann, falls die Windmühlenflügel mir den Kopf nicht von den Schultern hauen, später weiterzuschreiben.

Noch einen Kuss für dich, mit der ganzen Liebe eines Lebewohls, das sich immer noch weigert, endgültig zu sein,

Dein Sohn

Dieses Jahr kann für meine Zukunft wichtig werden...

[...] Aus fünf verschiedenen Arbeitsstellen, die mir versprochen wurden, ist nichts geworden. Ich habe daher als Kameramann bei einer kleinen Filmgesellschaft angefangen und mache rasche Fortschritte. Meine Zukunftspläne sind vage, aber ich hoffe, einige Forschungsarbeiten zu Ende führen zu können. Dieses Jahr kann für meine Zukunft wichtig werden. Meine Arbeit in den Hospitälern habe ich inzwischen aufgegeben. Ich werde meine Aufzeichnungen detailliert fortsetzen.

Mit Fidel Castro im Gefängnis »Miguel E. Schultz«, Mexiko, 1956

Ernesto Guevara stellt auch in der Sierra Maestra seine Fähigkeiten als Chronist unter Beweis. In Mexiko, während der Vorbereitungen auf den Befreiungskampf, gaben seine Genossen ihm einen neuen Namen, der ihn durch sein zukünftiges Leben, seine Arbeit und seine Kämpfe, begleiten sollte: Che. Auf den Seiten von *El Cubano Libre*, einer Zeitung, die die Tradition der kubanischen Revolutionspresse des 19. Jahrhunderts fortsetzte, schreibt er jedoch unter dem Pseudonym *Francotirador* (»Freischärler«).

Diese kurzen Kommentare handeln noch nicht von den Ereignissen des revolutionären Kampfes. Die Artikel für die Kolumne *Sin bala en el directo* (»Mit ungeladenem Gewehr«), eilig geschrieben unter dem Druck des Krieges, mit dem Ziel der unmittelbaren Information und ideologischen Beeinflussung, berühren vielmehr verschiedene Themen, die durch den beißenden Humor und die treffende Ironie des Autors verbunden sind.

Der Mann, der diese eiligen Berichte für die aufständische Presse schreibt, ist derselbe, der Lateinamerika bereist hat, und er ist es auch wieder nicht. Er hat nun seinen Weg gefunden, ohne dabei jedoch seine Begabung für Forschung und Analyse zu vernachlässigen, die ihn in der Folgezeit in andere Länder und zu weiteren Kämpfen führen wird.

Stets präsent ist die Freundschaft, der er einen hohen Stellenwert beimisst und die nun im Kampf geschmiedet und gestärkt wird. Da ist zum Beispiel das bisher unveröffentlichte Porträt von Ciro Redondo. Und wir begegnen seinem bissigen Humor, den er in einem Interview aufblitzen lässt, das Jorge Ricardo Masetti mit ihm in der Sierra Maestra geführt hat, »dem ersten Landsmann, den ich seit Ewigkeiten gesehen habe«.

Der ermordete Hund, eine Geschichte, die später in die Sammlung *Etappen des revolutionären Kampfes* aufgenommen wurde, zeigt einen kraftvollen und gleichzeitig empfindsamen Schriftsteller, der sich seine Zärtlichkeit im täglichen Leben bewahrt hat und fähig ist, sie in seinen Geschichten zu beschreiben.

—*VC*

05

Aufzeichnungen aus der Sierra Maestra

Vertraut darauf, dass Gott Argentinier ist...

Sra. Celia de la Serna

Araoz 2180

Buenos Aires, Argentinien

Liebe Eltern,

es geht mir gut, zwei Leben schon gelebt, fünf noch vor mir. Ich arbeite immer noch an derselben Sache. Neuigkeiten kommen spärlich, und das wird sich in Zukunft auch nicht ändern, aber vertraut darauf, dass Gott Argentinier ist.

Es drückt Euch ganz fest,

Teté

Tage der Befreiung. Mit Aleida March, Santa Clara, Kuba, 1958

Unsere Herzen sind voller Mitgefühl...

Mit ungeladenem Gewehr, von Francotirador

Die Gesellschaft für Tierschutz hat sechs Hunde vor dem UN-Gebäude aufmarschieren lassen, die um Gnade für ihren sibirischen Verwandten Laika bitten, der durch den Weltraum fliegt. Unsere Herzen sind voller Mitgefühl für das arme Tier, das einen ruhmreichen Heldentod sterben wird für eine Sache, die es nicht verstehen kann.

Aber wir haben nicht gehört, dass irgendeine philanthropische Gesellschaft in den Vereinigten Staaten vor dieses noble Gebäude gezogen wäre, um für unsere Bauern um Gnade zu bitten, obwohl die in beachtlicher Zahl sterben, ermordet durch Maschinengewehrkugeln aus den Flugzeugen P-47 und B-26, niedergestreckt durch Artilleriefeuer oder durchsiebt von den Kugeln der M-15 der Regierungstruppen.

Ob die Mitglieder philanthropischer Gesellschaften wissen, dass diese Tode durch Waffen verursacht werden, die ihre Landsleute in der US-Regierung nach Kuba liefern? Oder ist es so, dass im Rahmen des politisch Opportunen das Leben eines sibirischen Hundes mehr wert ist als das Tausender kubanischer Bauern?

Eine biographische Skizze von Ciro

Mit ungeladenem Gewehr, von Francotirador

Aus dem fernen Artemisa auf der anderen Seite der Insel kam Ciro Redondo am 26. Juli zur Moncada-Kaserne. Mit ihm kam eine von Fidel Castro angeführte Gruppe von Widerstandskämpfern, um die Diktatur auf ihrem eigenen Terrain herauszufordern: dem der Gewalt. Die Leute hatten ihren Glauben an friedliche Lösungen verloren und sich auf den langen Marsch der Revolution begeben, der nun in seine letzte Phase eintritt.

Mit Fidel Castro zusammen war er im Gefängnis auf der Isla de los Pinos und im Ausbildungscamp in Mexiko. Er war unter den 82 an Bord der »Granma«, als einfacher Soldat, und wurde direkt in den Rang eines Hauptmanns befördert, in unserem grausamen Kampf, dessen ersten Jahrestag wir fünf Tage nach seinem Tod feierten.

Sein unerschütterlicher Glaube an die Revolution und seine absolute Treue zu ihr machten ihn zu einer herausragenden Persönlichkeit. Unter den hervorragenden Soldaten war er der hervorragendste, stets der Gefahr trotzend, stets in vorderster Front, und dort wurde er getötet, an der Spitze seiner Abteilung, erst 26 Jahre alt.

Auf dem ewigen, nur von den Auserwählten beschrittenen Pfad der Geschichte geht Ciro Redondo nun dahin, ein einzigartiger Freund und vorbildlicher Revolutionär.

In dem Monument, das unseren endgültigen Sieg verewigen wird, muss der Adlerblick dieses Führers des Volkes eingefangen werden, so wie ich ihn erinnere. Es wird eine Möglichkeit sein, Ciro Redondo Gerechtigkeit widerfahren zu lassen.

Wie kubanisch uns die Welt erscheint...

Mit ungeladenem Gewehr, von Francotirador

Die Stimme aus der fernen Welt erreicht unsere Sierra Maestra durch Radio und Zeitungen, die von den Ereignissen dort draußen ausführlich berichten, da sie nicht über die Verbrechen informieren können, die hier täglich verübt werden. So erfahren wir alles über die Unruhen und die Toten in Zypern, Algerien, Ifni und Malaya. Die Berichte haben Folgendes miteinander gemein:

a) Die Regierungsstreitkräfte »haben den Rebellen zahlreiche Verluste zugefügt«;

b) es werden keine Gefangenen gemacht;

c) in den regierungsamtlichen Nachrichten »nichts Neues«;

d) alle Revolutionäre, egal in welchem Land oder welcher Region, werden »insgeheim von den Kommunisten unterstützt«.

Wie kubanisch uns die Welt erscheint! Es ist überall dasselbe. Eine Gruppe von Patrioten, bewaffnet oder unbewaffnet, Rebellen oder nicht, wird ermordet, und die bewaffneten Unterdrücker reden von einem »Sieg nach schweren Kämpfen«. Alle Zeugen werden umgebracht, also gibt es auch keine Gefangenen.

Die Regierungstruppen erleiden angeblich niemals Verluste, und manchmal stimmt das auch, denn es ist nicht sehr gefährlich, wehrlose Menschen abzuknallen. Manchmal jedoch ist das auch eine faustdicke Lüge, und die Sierra Maestra kann das bezeugen.

Schließlich wird immer dieselbe abgenutzte Beschuldigung vorgebracht: »Kommunisten«. Kommunisten sind Leute, die zu den Waffen greifen, wenn sie so viel Elend und Gemeinheit, wo immer auf der Welt, leid sind. »Demokraten« sind Leute, die das aufgebrachte Volk töten, seien es Männer, Frauen oder Kinder.

Kuba ist überall, und was hier geschieht, geschieht auf der ganzen Welt: Gegen brutale Gewalt und Ungerechtigkeit wird das Volk das letzte Wort sprechen, und dieses Wort heißt Sieg.

Diese Seite: mit Celia Sánchez
Rechts: Sierra Maestra, Kuba, 1957

Der erste Landsmann, den ich seit Ewigkeiten gesehen habe...

(Interview mit Che Guevara, geführt von dem argentinischen Journalisten Jorge Ricardo Masetti im April 1958)

Als ich aufwachte, war ich enttäuscht. Ich hatte bis fünf Uhr morgens friedlich geschlafen und keinen einzigen Schuss gehört. Die Regierungstruppen hatten sich kurz blicken lassen, sich aber sofort wieder zurückgezogen, als sie feststellen mussten, dass Che sich nicht in La Otilia aufhielt, sondern dabei war, einen Hinterhalt vorzubereiten.

Ich hatte in dem halbdunklen Raum auf Geschützfeuer gelauert, während Virelles mit entsichertem Gewehr davon faselte, nach Buenos Aires zu fahren, um mal wieder ein paar Tangos zu hören. So gegen zwei Uhr nachts streckten Sorí Marín und ich uns auf den zwei einzigen Matratzen aus, die vorhanden waren. Wenn man sie aneinander legte, hatten drei Leute darauf Platz, aber nicht die fünf, die ich sah, als ich aufwachte. Virelles war Post holen gegangen, während Cantellops im Sessel schnarchte. Llibre hockte am Fußende des Bettes, kratzte sich und jammerte mir vor, wie er die ganze Nacht damit zugebracht hatte, mehrere Pickel auszudrücken, die sich plötzlich auf seinem Bauch gebildet hatten.

Im Nu wurde das, was eben noch wie ein Schlafsaal ausgesehen hatte, zu einem Arbeits-Kranken-Esszimmer. Alle standen herum, und die einzige Frage, die wir uns stellten, war die, ob und wann der Comandante kommen würde.

Guevara traf um sechs Uhr ein. Während ich bewundernd einigen jungen Kerlen zuschaute, die mit sich selbst beschäftigt waren – sie taten das, was ich vor langer Zeit zum letzten Mal getan hatte: sie wuschen sich das Gesicht –, kamen verschwitzte Rebellen mit leichtem Gepäck an, und schwere Waffen wurden aus verschiedenen Richtungen herangeschafft. Die Taschen der Rebellen waren randvoll mit Kugeln gefüllt, und Patronengurte hingen kreuzweise über ihre Oberkörper, die manchmal nicht mal von knopflosen Hemden geschützt waren.

Das waren die Leute, die in der vorangegangenen Nacht einen Hinterhalt für die Truppen von Sánchez Mosquera gelegt hatten, und nun kamen sie müde und erschöpft, aber immer noch darauf brennend, gegen die Truppen des verhassten Colonel zu kämpfen, nach La Otilia zurück. Kurz darauf kam Ernesto Guevara auf einem Maulesel angeritten, mit baumelnden Beinen, auf dem Rücken eine Beretta und ein Gewehr mit Zielfernrohr, die aussahen, als würden sie seinen riesig erscheinenden Körper abstützen.

Als er näher kam, sah ich einen Patronengurt und eine Pistole an seiner Hüfte. Aus seinen Hemdtaschen ragten zwei Magazine, und um seinen Hals hing eine Kamera. An seinem Kinn sprossen ein paar Härchen, die darauf hofften, einmal ein Bart zu werden.

Gelassen stieg er von dem Maulesel, setzte seine riesigen, verdreckten Stiefel auf den Boden, und so wie er zu mir herüberkam, schätzte ich seine Körpergröße auf 1,78 m. Ich hatte nicht den Eindruck, dass sein Asthma ihn irgendwie beeinträchtigte.

Sorí Marín stellte uns einander vor, was von zwanzig Soldaten beobachtet wurde, die nie zuvor zwei Argentinier zusammen gesehen hatten und irgendwie enttäuscht waren, als sie sahen, dass wir uns mit einer gewissen Gleichgültigkeit begrüßten.

Der berühmte Che Guevara kam mir vor wie ein typischer Mittelklasse-Argentinier. Er sah aus wie eine jüngere Ausgabe von Cantinflas. Er lud mich ein, mit ihm zu frühstücken, und wir begannen schweigend zu essen. Die ersten Fragen kamen logischerweise von ihm. Und logischerweise betrafen sie die politische Situation in Argentinien. Meine Antworten schienen ihn zu befriedigen, und kurze Zeit darauf erkannten wir, dass wir keine gefährliche Typen waren und in vielen Dingen übereinstimmten. Bald schon redeten wir ziemlich offen miteinander, wenn auch mit der leichten Distanz, die man von zwei Argentiniern derselben Generation erwartet, und wir gingen zum vertraulichen Du über.

Einer der Bauernsoldaten, der zu lauschen versuchte, machte zu Guevara

ein paar humorvolle Bemerkungen darüber, wie komisch die Kubaner unsere Art der Unterhaltung fanden. Wir lachten darüber, und das brachte uns sogleich dazu, weniger zurückhaltend miteinander zu reden.

Ich erzählte ihm, warum ich in die Sierra Maestra gekommen war: von meinem Wunsch, mir darüber klar zu werden, um welche Art von Revolution es sich handele, die seit 17 Monaten in Kuba stattfand; wer dafür verantwortlich sei; wie es möglich sei, für so lange Zeit ohne die Unterstützung irgendeiner ausländischen Nation auszukommen; warum das kubanische Volk Batista nicht ein- für alle Mal stürze, wenn es wirklich auf der Seite der Revolutionäre stehe. Dazu noch Dutzende weiterer Fragen, auf die ich auf meiner Reise nach La Otilia bereits eine Antwort gefunden hatte: nachdem ich den Terror in den Städten und in den Bergen aus nächster Nähe beobachtet hatte; nachdem ich unbewaffnete Guerilleros gesehen hatte, die sich an selbstmörderischen Überfällen beteiligt hatten, nur um in den Besitz von Waffen zu kommen, mit denen sie dann tatsächlich kämpfen konnten; nachdem ich ungebildeten Bauern zugehört hatte, die mir, jeder mit seinen eigenen, aber immer klaren Worten, erzählten, warum sie kämpften; nachdem ich erkannt hatte, dass ich mich nicht inmitten einer Armee von Fanatikern befand, die ihren Führern bedingungslos folgten, sondern unter Männern, die sich bewusst waren, dass jede Abweichung von der ehrenhaften Linie, auf die sie so stolz waren, das Ende ihrer Revolution bedeuten würde.

Doch trotz allem blieb ich misstrauisch. Ich wehrte mich dagegen, mich ausschließlich von meinen Sympathien für die aufständischen Bauern leiten zu lassen, bis ich nicht die Ideen der Leute, die sie anführten, einer strengen Prüfung unterziehen konnte. Ich wollte einfach nicht wahrhaben, dass ein Yankee-Konsortium sich mit Händen

und Füßen dagegen wehrte, Fidel Castro zu unterstützen, auch wenn aus Flugzeugen, die Batista von der US-Luftfahrt überlassen worden waren, auf Orte gefeuert wurde, an denen ich mich befunden hatte.

Meine erste Frage an Guevara, den jungen argentinischen Arzt, der zum heldenhaften Comandante und Kopf einer Revolution aufgestiegen war, die nichts mit seinem eigenen Land zu tun hatte, lautete: »Warum bist du hier?«

Er hatte seine Pfeife ausgemacht und ich meine Zigarette, und dann begannen wir ein offizielles Interview, von dem wir wussten, dass es lang werden würde. Er antwortete auf meine Fragen in seiner ruhigen Art, die die Kubaner für typisch argentinisch halten, die ich jedoch als eine Mischung aus kubanisch und mexikanisch beschreiben würde.

»Ich bin hier, weil ich davon überzeugt bin, dass der einzige Weg, die südamerikanischen Länder von Diktatoren zu befreien, der ist, diese Diktatoren zu stürzen, und zwar so schnell wie möglich und egal wie.«

»Hast du keine Angst, dass deine Beteiligung an den Ereignissen hier in einem Land, das nicht dein eigenes ist, als unerwünschte Einmischung in seine inneren Angelegenheiten betrachtet werden könnte?«

»Zunächst einmal betrachte ich nicht nur Argentinien, sondern ganz Lateinamerika als mein Land. Die Geschichte meines Landes ist so ruhmreich wie die des Landes von José Martí, und gerade in seinem Land sehe ich die Möglichkeit, an seinen Grundsätzen festzuhalten. Außerdem, wenn ich mich selbst hingebe, alles, was ich bin, wenn ich mein Blut für eine Sache gebe, die ich für gerecht halte und die dem Wohle des Volkes dient, wenn ich einem Volk helfe, sich von einer Diktatur zu befreien, die es allerdings erlaubt, dass sich eine ausländische Macht einmischt und sie mit Waffen, mit Flugzeugen, mit Geld und mit militärischen Beratern unterstützt, dann kann ich nicht erkennen, inwiefern mein Engagement als eine unerlaubte Einmischung betrachtet werden könnte. Kein Land hat bis jetzt die USA verurteilt, weil sie sich in die inneren Angelegenheiten Kubas einmischen, und nicht eine einzige Zeitung hat die Yankees beschuldigt, Batista dabei zu helfen, sein eigenes Volk abzuschlachten. Aber über mich regen sich die Leute auf. Ich bin der Ausländer, der sich einmischt und den Rebellen hilft. Leute, die Waffen für einen internen Krieg liefern, mischen sich nicht ein. Aber ich, ich ja!«

Guevara nutzte die Pause, um sich seine Pfeife wieder anzuzünden. Er hatte gesprochen, ohne die Stimme zu heben, in einem völlig unpersönlichen Ton, auf seinen Lippen ein ständiges Lächeln. Ich dagegen war vollkommen ernst. Eigentlich hatte ich noch eine Menge Fragen, doch sie kamen mir inzwischen unsinnig vor.

»Und was ist von Fidel Castros Kommunismus zu halten?«

Auf seinen Lippen lag wieder dieses Lächeln. Er zog bedächtig an seiner Pfeife und antwortete in demselben unbeteiligten Ton wie vorher auf meine Frage:

»Fidel ist kein Kommunist. Wenn er es wäre, hätte er mehr Waffen bekommen. Aber diese Revolution ist ausschließlich eine kubanische. Oder besser gesagt, eine lateinamerikanische. Politisch könnte man Fidel und seine Bewegung als ›revolutionär nationalistisch‹

bezeichnen. Natürlich ist er insoweit anti-amerikanisch, wie die Yankees anti-revolutionär sind. Aber in Wirklichkeit verfechten wir keinen missionarischen Anti-Amerikanismus. Wir sind gegen die *Vereinigten Staaten*«, er sprach die beiden Wörter mit Nachdruck aus, um sie klar herauszustellen, »weil die Vereinigten Staaten gegen unser Volk sind.«

Ich schwieg, um ihm die Gelegenheit zu geben weiterzusprechen. Es war furchtbar heiß, und der warme Rauch des frischen Tabaks war so belebend wie der Kaffee, den wir aus großen Gläsern tranken. Die geschwungene Pfeife schaukelte im Rhythmus seines kubanisch-mexikanischen Tonfalls, als er weitersprach.

»Die Hauptzielscheibe dieses Unsinns mit dem Kommunismus bin ich. Jeder Yankee-Journalist, der in die Sierra gekommen ist, hat mich zuallererst nach meinen Aktivitäten in der kommunistischen Partei Guatemalas gefragt – in der gesicherten Annahme, ich sei in der kommunistischen Partei jenes Landes tatsächlich aktiv gewesen –, nur weil ich ein aufrichtiger Bewunderer der demokratischen Regierung von Oberst Jacobo Arbenz war und bin.«

»Hast du irgendeine Funktion in dieser Regierung innegehabt?«

»Nein, nie.« Er sprach ruhig weiter, nahm jetzt die Pfeife aus dem Mund. »Aber als die US-Intervention stattfand, versuchte ich eine Gruppe von jungen Männern wie mir zusammenzustellen,

um gegen die Söldnertruppe der United Fruit Company zu kämpfen. In Guatemala musste gekämpft werden, aber kaum jemand kämpfte. Es musste Widerstand geleistet werden, aber kaum jemand leistete Widerstand.«

Ich hörte mir seine Ausführungen an, ohne weitere Fragen zu stellen. Das war auch nicht mehr nötig.

»Von dort entkam ich nach Mexiko, als das FBI schon damit angefangen hatte, Leute zu verhaften und dafür zu sorgen, dass alle, die eine Gefahr für die United-Fruit-Regierung hätten darstellen können, schnellstens umgebracht wurden. Im Land der Azteken dann traf ich mit einigen der Männer vom 26. Juli zusammen, die ich schon von Guatemala her kannte, und freundete mich mit Raúl Castro an, Fidels jüngerem Bruder. Er stellte mich dem Kopf der Bewegung vor, als sie bereits mit der Planung ihrer Landung auf Kuba begonnen hatten.«

Seine Pfeife ging wieder aus, und er machte eine Pause, um sich eine Zigarette anzuzünden und auch mir eine anzubieten. Um ihm zu zeigen, dass ich hinter dem dichten Vorhang von Rauch noch existierte, fragte ich ihn, wie er dazu gekommen sei, sich mit den kubanischen Revolutionären zusammenzutun.

»Ich habe mich eine ganze Nacht hindurch mit Fidel unterhalten. Als der Tag anbrach, war ich der Arzt seiner künftigen Expedition. Nach den Erfahrungen auf meinen Reisen durch

Lateinamerika und der Katastrophe in Guatemala war es nicht schwer, mich zu überreden, bei einer Revolution gegen einen Diktator mitzumachen, aber Fidel beeindruckte mich auch durch seine außergewöhnliche Persönlichkeit. Er stellte sich den unglaublichsten Situationen und löste die kompliziertesten Probleme. Er besaß den unerschütterlichen Glauben daran, dass, wenn er nach Kuba aufbrechen würde, er auch dort ankommen werde. Und dass er nach der Landung kämpfen und siegen werde. Ich teilte seinen Optimismus. Es musste getan werden, wir mussten kämpfen, um es möglich zu machen. Wir mussten aufhören zu jammern und uns zur Wehr setzen. Und dem Volk seines Landes beweisen, dass es ihm trauen könne, weil er tat, was er sagte, dass er es tun werde. Und er sprach seine berühmten Worte: ›1956 werden wir frei sein, oder wir werden Märtyrer sein.‹ Und er kündigte an, dass er vor Ablauf des Jahres an der Spitze seiner Befreiungsarmee in Kuba landen werde.«

»Und was geschah bei der Landung?«

Unserer Unterhaltung lauschten inzwischen mehr als dreißig Leute. Auf dem Boden sitzend, ihre Waffen zwischen den Knien, die Augen von ihren Mützen gegen die Sonnenstrahlen geschützt, hörten »Ches Männer« rauchend zu, ohne auch nur ein einziges Wort beizusteuern. Ein bärtiger junger Arzt richtete und bandagierte einen gebrochenen Finger, während er uns aufmerksam lauschte. Llibre, ein leidenschaftlicher Bewunderer des Revolutionsführers, aber auch ein doktrinärer Eiferer, analysierte jedes einzelne von Ches Worten und kratzte

sich dabei mit seinen von der lehmigen Erde gefärbten Nägeln die Pickel auf seinem Bauch auf. Virelles hörte im Halbschlaf zu. Guillermito, ein bartloser Junge mit sehr langen Haaren, reinigte sein Gewehr mit derselben Sorgfalt, wie sie der Arzt auf die Versorgung des gebrochenen Fingers verwandte. Von irgendwoher kam der Geruch von Schweinefleisch, das unter freiem Himmel in der Pfanne gebraten wurde, und vermischte sich mit dem der Zigaretten.

Guevara fuhr in seinem Bericht fort, Zigarette im Mund, die Beine bequem ausgestreckt.

»Als wir an Land gingen, wurden wir schon erwartet. Wir hatten eine mörderische Überfahrt auf unserem Boot, der ›Granma‹, hinter uns, insgesamt 82 Mitglieder der Expedition plus Mannschaft. Ein Sturm hatte uns vom Kurs abgebracht, und die meisten von uns waren seekrank. Wasser und Nahrung waren uns ausgegangen, und zu allem Übel blieb das Boot bei der Landung im Schlamm stecken. Wir wurden pausenlos aus der Luft und vom Festland her beschossen, und schon nach kurzer Zeit war nur noch die Hälfte von uns am Leben. Oder halb tot, wenn du dir vorstellst, in welchem Zustand wir uns befanden. Nur zwölf von den 82 überlebten, Fidel eingeschlossen. Und dann schrumpfte unsere Gruppe auf sieben, die anderen fünf hatten sich in alle Winde zerstreut. Das war alles, was von der Invasionstruppe der ehrgeizigen ›Bewegung des 26. Juli‹ übrig geblieben war. Dort, auf dem Boden liegend, unfähig, einen Schuss abzugeben, aus Angst, unser Versteck zu verraten, warteten wir auf Fidels

Entscheidung, während wir in der Ferne das Geschützfeuer der Marine und das Maschinengewehrknattern der Luftwaffe hörten.« Bei der Erinnerung daran lachte Guevara laut auf. »Was für ein Kerl, dieser Fidel! Stell dir vor, unter dem Lärm der Maschinengewehre stand er auf und sagte zu uns: ›Hört nur, wie sie auf uns schießen. Sie haben die Hosen gestrichen voll. Sie haben Angst vor uns, weil sie wissen, dass wir sie wegpusten.‹ Und ohne ein weiteres Wort schnappte er sich sein Gewehr und sein Bündel und führte unsere reduzierte Kolonne weg. Wir marschierten zum Turquino, dem höchsten und unzugänglichsten Berg der Sierra, wo wir unser erstes Lager aufschlugen. Die Bauern sahen uns ohne das geringste Zeichen von Wohlwollen vorüberziehen. Aber Fidel ließ sich davon nicht beeindrucken. Er begrüßte sie mit einem Lächeln, und schon nach wenigen Minuten begann er ein mehr oder weniger herzliches Gespräch mit ihnen. Wenn sie sich weigerten, uns etwas zu essen zu geben, setzten wir ohne Murren unseren Weg fort. Die Bauern brauchten nicht lange, um zu erkennen, dass dieser bärtige Rebellenhaufen genau das Gegenteil der Truppen war, die uns verfolgten. Wo Batistas Soldaten sich alles unter den Nagel rissen, was sie in den Hütten fanden – einschließlich der Frauen natürlich –, respektierten Castros Leute das Eigentum der Bauern und zahlten großzügig für alles, was sie aßen und tranken. Wir mussten nicht ohne Überraschung feststellen, dass unser Benehmen die Bauern irritierte. Sie waren an das Verhalten gewöhnt, das Batistas Armee an den Tag legte. Nach und nach freundeten sie sich mit uns an, und als wir immer häufiger auf Regierungstruppen stießen, äußerten viele von ihnen den Wunsch, sich uns anzuschließen. Doch diese ersten Hinterhalte, die wir legten, um an Waffen zu kommen, machten die Truppen nervös, und sie begannen, die Bevölkerung auf die grausamste Art zu terrorisieren, die man sich vorstellen kann.

Jeder Bauer wurde als potentieller Rebell betrachtet und getötet. Wenn sie herausfanden, dass wir durch eine bestimmte Region gezogen waren, brannten sie die Hütten nieder, in denen wir uns möglicherweise aufgehalten hatten. Wenn sie irgendwo keine Männer fanden, weil die vielleicht bei der Arbeit oder im Dorf waren, erschossen sie alle Bewohner, die zu Hause geblieben waren, egal, ob sie vermuteten, dass sich die Männer uns angeschlossen hatten oder nicht. Die Terrorisierung der Bevölkerung durch Batistas Armee war zweifellos unser stärkster Verbündeter in jener Phase. Es war der brutalste und überzeugendste Beweis für die Bauern dafür, dass das Batista-Regime gestürzt werden musste.«

Motorenlärm zog die Aufmerksamkeit von uns allen auf sich.

»Ein Flugzeug!«, rief einer der Männer, und alle rannten ins Lager. In Sekundenschnelle verschwanden die Pferdegeschirre und die Bündel von der Bildfläche, und nichts war um das Camp herum zu sehen, außer den sonnengebleichten Bäumen, dem nackten Zementboden und dem Lehmpfad.

Ein dunkelgraues Flugzeug kam über den Bergkamm und kreiste zweimal über La Otilia, ziemlich hoch und ohne einen Schuss abzugeben. Minuten später war es wieder verschwunden. Wir drängten aus dem Haus, als wären wir für Stunden dort eingeschlossen gewesen.

Ich erinnerte Guevara an meine Absicht, so schnell wie möglich mit Fidel Castro zusammenzukommen, meinen Bericht auf Band zu sprechen und ihn dann zur Poststelle zu bringen, um ihn direkt nach Buenos Aires zu schicken. In wenigen Minuten fand man jemanden, der mich in die Region Jibacoa bringen konnte, wo sich Fidel höchstwahrscheinlich aufhielt, und dazu ein einigermaßen kräftiges Maultier mit nicht zu vielen wunden Stellen.

»Du musst jetzt los«, sagte Guevara zu mir, »wenn du noch rechtzeitig das Hauptlager erreichen willst, bevor es zu spät wird. Und morgen früh gehst du auf den Las Mercedes, dort wird man dir sagen, wo du Fidel finden kannst. Mit etwas Glück triffst du ihn in drei Tagen.«

Ich stieg auf das Maultier und verabschiedete mich von allen. Mit Guevara verabredete ich mich in La Mesa ein paar Tage später, wenn ich mit meinem aufgezeichneten Bericht zurückkommen würde. Ich gab Llibre mehrere belichtete Filme und zwei besprochene Bänder, die er für mich zur Poststelle bringen sollte.

Es war gegen Mittag, und das Schweinefleisch briet wieder in der Pfanne, jetzt, da der Flugzeugalarm vorbei war. Der Geruch nach Fett, von dem mir zuerst schlecht geworden war, erschien mir nun köstlich. Die unglaublich reine Luft in der Sierra Maestra regte meinen Appetit an. Sorí Marín brachte mir ein halbes Dutzend Bananen, die diesmal – ich verstand wieder mal nicht, warum – *Malteños* genannt wurden.

Guevara ermahnte meinen Führer, sehr vorsichtig zu sein, wenn wir nach Las Minas kommen würden. »Er ist der erste Landsmann, den ich seit einer Ewigkeit gesehen habe«, rief er lachend, »und ich möchte, dass er mindestens so lange lebt, bis er seinen Bericht nach Buenos Aires geschickt hat!«

»Ciao!«, rief ich zurück.

Etwa dreißig Stimmen antworteten, lachten und riefen, so als hätte es sich um den vergnügtesten Abschied gehandelt, den man sich vorstellen kann. Wir verließen den Pfad, der nach La Otilia führte, und durchquerten ein Kaffeefeld. Die Kaffeebohnen waren noch grün und dufteten rein und frisch. Während ich mit dem Schälen der etwa vierzig Zentimeter langen *Malteños* beschäftigt war, schnappten die Zweige nach meiner Mütze. Doch die Nähe zu Las Minas stillte zwar nicht meinen Hunger, nahm aber meine Aufmerksamkeit sehr viel mehr in Anspruch als das Problem, das Maultier zu lenken oder Bananen zu schälen. Mein Führer, dessen Spitzname – Niní – eher zu einem langbeinigen französischen Showgirl passte als zu einem bärtigen und fast zahnlosen Bauern, ritt auf einem kleinen, kurzbeinigen Maulesel ein paar Meter vor mir her. Plötzlich sprang er ab und robbte über den laubgepolsterten Boden lautlos auf mich zu. Noch bevor er bei mir war, war ich ebenfalls abgestiegen, und wir entfernten uns eilig von den Tieren. Das Geräusch von Zweigen, die gegen den Stahlhelm eines Soldaten zu schlagen schienen, war nun deutlich zu hören. Niní entsicherte seine Pistole.

»He, *compay*!«, rief er plötzlich überrascht.

Ein Bauer kämpfte sich mühsam durch das Kaffeefeld und versuchte, so gut er konnte, zu verhindern, dass die Zweige gegen die rechteckige weiße Holzkiste schlugen, die er auf der Schulter trug.

»Was ist los?«, fragte er keuchend zurück.

Der ermordete Hund

Für die harten klimatischen Bedingungen in der Sierra Maestra war es ein herrlicher Tag. Geduldig folgten wir Sánchez Mosqueras Truppen durch Agua Revés, eins der zerklüftetsten und labyrinthischsten Täler im Turquino-Becken. Der erbarmungslose Mörder hatte eine Spur von ausgebrannten Bauernhäusern, Traurigkeit und Verzweiflung in der ganzen Region hinterlassen. Nun aber musste er an einem der zwei oder drei Punkte der Sierra vorbei, an denen sich, wie wir wussten, Camilo Cienfuegos aufhielt: entweder am Nevada-Kamm oder in dem Gebiet, das wir »Kamm des Krüppels« nannten, jetzt bekannt als »Kamm des Toten«.

Mit Maskottchen, Sierra Maestra, Kuba, 1957

Camilo war Hals über Kopf mit rund einem Dutzend Männer, Teil seines Vorauskommandos, aufgebrochen, und diese kleine Truppe musste nun auf drei verschiedene Stellen verteilt werden, um eine Kolonne von über hundert Soldaten aufzuhalten. Meine Aufgabe war es, mich Sánchez Mosqueras Leuten von hinten zu nähern und sie zu umzingeln. Unser wichtigstes Ziel war also seine Einkesselung, deswegen folgten wir ihm geduldig, in beträchtlichem Abstand, vorbei an den zerstörten Bauernhäusern, die von der Nachhut des Feindes in Brand gesteckt worden waren. Die feindlichen Truppen waren weit weg, aber wir konnten ihre Rufe hören. Wir wussten nicht genau, wie viele es insgesamt waren. Unsere Kolonne kämpfte sich mühsam an den Hängen entlang, während der Feind mitten durch die engen Täler voranschritt.

Alles wäre nach Plan verlaufen, hätte es da nicht unser neues Maskottchen gegeben, einen kleinen, nur wenige Wochen alten Jagdhund. Trotz der wiederholten Versuche von Félix Mendoza, das Tier zu unserem Basislager – wo unter anderem die Köche ihrer Arbeit nachgingen – zurückzuscheuchen, zottelte der Welpe hinter der Kolonne her. In jenem Teil der Sierra Maestra ist es extrem schwierig, sich an den Abhängen voranzubewegen, denn es gibt keine Wege. Wir versuchten es durch eine *pelúa*, ein Gebiet – »Grab« genannt, weil die Bäume, die früher dort gestanden hatten, abgestorben waren –, das von neuen Baumpflanzungen bedeckt war. Doch wir kamen nur mühsam voran. Wir sprangen über alte Baumstümpfe und neu gepflanzte Bäume, wobei wir den Kontakt mit unseren Führern nicht verlieren durften.

Unter diesen Bedingungen rückte unsere kleine Gruppe schweigend vor. Das übliche Rauschen der Berghänge wurde nur gelegentlich durch abbrechende junge Äste oder Zweige unterbrochen. Doch plötzlich wurde diese friedliche Harmonie durch das aufgeregte, verzweifelte Bellen des Hundes zerstört. Er war zurückgefallen und bellte nun hinter seinem Herrchen her, damit dieser kommen und ihn holen würde. Irgendjemand ging zurück, schnappte sich das kleine Tier, und dann marschierten wir weiter; aber als wir in einem Flussbett Rast machten, von wo aus wir die Feindbewegungen beobachten konnten, fing der Köter wieder mit seinem hysterischen Gekläffe an. Beruhigendes Zureden wirkte nicht mehr, das Tier hatte Angst, wir würden es hier zurücklassen, und jaulte untröstlich.

Ich erinnere mich an meinen entschieden vorgebrachten Befehl: »Félix, das Bellen muss aufhören. Du bist dafür verantwortlich, erdrossle den Hund. Dann ist es mit dem Gekläffe ein für alle Mal vorbei.« Félix sah mich mit ausdruckslosen Augen an. Er stand mit dem Hund inmitten unseres erschöpften Haufens. Die beiden bildeten den Mittelpunkt eines Kreises. Sehr langsam holte er einen Strick hervor, legte ihn um den Hals des Tieres und begann zuzuziehen. Das anfängliche Wedeln des Hundeschwanzes ging plötzlich in krampfhaftes Zucken über, bevor es nach und nach ganz aufhörte, begleitet von einem ständigen Jammern, das sich der Hundekehle trotz Félix' festem Griff entrang. Ich weiß nicht, wie lange es dauerte, bis es zu Ende war, doch uns allen kam es wie eine Ewigkeit vor. Nach einem letzten Aufbäumen hörte der Hund auf, sich zu bewegen. Da lag er nun ausgestreckt auf dem Boden, den kleinen Kopf auf dem Zweigen.

Wir marschierten los, ohne ein weiteres Wort über den Vorfall zu verlieren. Sánchez Mosqueras Truppen hatten einen kleinen Vorsprung gewonnen, und kurz darauf hörten wir Geschützfeuer. Wir rannten durch das schwierige Gelände den Hang hinunter und versuchten, in die Nähe der Nachhut zu gelangen. Wir wussten, dass Camilo angegriffen hatte. Wir brauchten lange, bis wir das letzte Haus erreichten, bewegten uns vorsichtig, weil wir jeden Moment auf den Feind treffen konnten. Das Feuergefecht war heftig, aber kurz gewesen, und nun warteten wir gespannt ab. Das letzte Haus war verlassen. Von den Truppen keine Spur. Zwei Späher kletterten den »Kamm des Krüppels« hinauf und kamen bald mit der Nachricht zurück: »Da oben ist ein Grab. Wir haben es ausgehoben und einen der ›Metallköpfe‹ gefunden.« Sie zeigten uns die Kennkarte des Opfers, die sie in seiner Hemdtasche gefunden hatten. Der Mann war bei einem Zusammenstoß getötet worden. Es war ein feindlicher Soldat, das war alles, was wir wussten.

Langsam zogen wir uns zurück. Zwei Spähtrupps kamen auf getrennten Pfaden über den Kamm, sonst war weit und breit nichts zu sehen. Enttäuscht machten wir uns langsam auf den Rückweg, diesmal jedoch quer durchs Tal.

Spät in der Nacht kamen wir zu einem Haus, das ebenfalls leer stand. Es war das Anwesen *Mar Verde*, und hier konnten wir bleiben. Schnell war ein Ferkel gebraten, ein paar Yucca dazu, und wir aßen. Irgendjemand fing an, zur Gitarre zu singen, denn die Bewohner waren Hals über Kopf aus dem Haus geflüchtet und hatten alles zurückgelassen, darunter eine Gitarre.

Ich weiß nicht, ob es das melancholische Lied war oder die Dunkelheit der Nacht oder einfach Erschöpfung, jedenfalls ließ Félix einen Knochen auf den Boden fallen, und einer der Haushunde kam angewedelt und schnappte sich ihn. Félix tätschelte dem Hund den Kopf, und der schaute ihn an. Félix schaute zurück, und dann warfen wir uns einen schuldbewussten Blick zu. Alle waren plötzlich ganz still. Eine unmerkliche Rührung überkam uns. Mitten unter uns, mit seinen sanften, schelmischen und leicht vorwurfsvollen Augen, hockte der ermordete Hund und schaute uns durch die Augen eines anderen Hundes an.

Der Mensch, das Maß aller Dinge, spricht hier durch meinen Mund und erzählt in meiner Sprache, was meine Augen gesehen haben.« Dieses Zitat aus Guevaras Jugendzeit – gültig für alle folgenden Jahre, für sein gesamtes Leben – erinnert uns an die Bemerkung, die der Schriftsteller Pablo de la Torriente Brau gemacht hat, als er in den spanischen Bürgerkrieg zog: »Meine Augen sind dazu bestimmt, außergewöhnliche Dinge zu sehen. Und meine Schreibmaschine, sie zu erzählen. Das ist alles.«

Zu dieser Sprache, zum geschriebenen Wort, würde Che noch eine andere hinzufügen: die Sprache der Fotografie. Er hatte in zweifacher Hinsicht eine Beziehung zur Fotografie: Als Fotografierter finden wir ihn heute in unzähligen Büchern und anderen Publikationen, lächelnd oder ernst, mit Baskenmütze oder ohne, immer charismatisch; und als Fotografierender, als den wir ihn uns nur vorstellen können, wie er seine Ausrüstung überprüft oder das Teleobjektiv hält, wie er mit der Kamera um den Hals irgendwo in der Welt herumreist.

Dieses private Fotoalbum ist ein Ausschnitt aus der unbekannten Geschichte des Fotografen Che und zeigt, wie er die Welt sah. Es enthält Fotos von »Kindern der Berge«, jungen Bergarbeitern der Minas de Frío, und einer Bauerndemonstration aus den ersten Jahren der kubanischen Revolution. Es folgen Straßenszenen in Neu Delhi und die Aufnahme einer Industrieanlage. Dann verfolgen die Augen des Zeitzeugen Che aus einem Hubschrauber heraus ein kleines Boot durch die Kanäle der Zapata-Sümpfe in Kuba. Und schließlich sehen wir eben diesen Zeitzeugen, wie er in die Kamera blickt, in seine eigene Kamera, nach einer schrecklichen, riskanten Kampfaktion im Kongo. Che fotografierte sich selbst an dem Ort in Tansania, in dem er zu der Zeit gelebt hat, ein Foto, auf das er sich »mit der Freude eines Künstlers« vorbereitet hatte.

Che war nicht nur ein »Künstler der Guerilla-Strategie«, wie Fidel ihn nannte, sondern auch ein Künstler des Wortes und der Fotografie, die sich uns, voller Schönheit und Sinnlichkeit, unauslöschlich ins Gedächtnis gebrannt haben. Das Maß aller Dinge. Und das ist alles.

–VC

06
Hinter der Kamera

Beide Seiten: Mexiko, 1955

Beide Seiten: Mexiko, 1955

Beide Seiten: beim Besteigen des Popocatepetl, Mexiko, 1955

Oben: ein Blick in die Geschichte. Archäologische Ruinen in Mitla, Mexiko, 1954
Rechts: Chac-Mool im »Saal der Tausend Säulen«. Chichén-Itza, Mexiko, 1955

Oben: das Schloss. Chichén-Itza, Mexiko, 1955
Rechts: der Tempel der Krieger. Chichén-Itza, Mexiko, 1955

Oben: die Pyramide der Mönche. Uxmal, Mexiko, 1955
Rechts: Mar Verde, Sierra Maestra, Kuba, 1963

Oben: Mexiko, 1955
Rechts: Volksfest in Caney de las Mercedes, Kuba, 1959
Nächste Seiten: Volksfest in Caney de las Mercedes (rechts Fidel im Profil), Kuba, 1959

Links: »Die neuen Menschen, die auf Kuba geboren werden …«
Camilo-Cienfuegos-Schule, Sierra Maestra, Kuba, 1959
Oben: Bau der Camilo-Cienfuegos-Schule, Sierra Maestra, Kuba, 1959
Nächste Seiten: Die Industrialisierung schreitet voran. Oriente, Kuba, 1961

Oben: beim Aufbau der Zukunft. Siedlungsprojekt »José Martí«, Havanna, Kuba, 1959
Rechts: vom Hubschrauber aus. Zapata-Sümpfe, Kuba, 1959

Oben: Südostasien, 1959
Unten: »Land der Gegensätze«, Indien, 1959

Oben u. unten: Indien, 1959

Oben: Selbstporträt. Argentinien, 1951
Rechts: Selbstporträt. Kuba, 1959
Nächste Seiten: ein Blick auf sich selbst. Tansania, 1966

n diesem Kapitel präsentieren wir eine kurze Sammlung von Interviews, die Che verschiedenen Journalisten gegeben hat. Sie zeigen, wie er auf die neugierigen, lästigen oder bösartigen Fragen der Interviewer reagiert und geantwortet hat, wobei er stets darauf bedacht war, seine Meinung darzulegen, Wahrheiten auszusprechen oder notwendige Kritik zu üben. In dieser ehrlichen, offenen Annäherung beweist Che, dass er Konfrontationen nicht aus dem Weg geht, sondern sich ihnen stellt, indem er seine Sicht der Dinge erläutert. Er weicht Kritik und Selbstkritik nicht aus, benutzt sie jedoch als eine weitere Waffe im revolutionären Kampf.

Die hier gezeigten Bilder enthüllen verschiedene Aspekte seiner manchmal schwierigen Rolle als Interviewter. Während uns keine Schrift- oder Bilddokumente von seinem ersten Interview vorliegen, das in dem Tagebuch von seiner Reise durch Argentinien erwähnt wird, haben wir Fotos von ihm, wie er die Fragen eines Journalisten mitten in Kubas Sierra Maestra pariert oder seine Antworten in die Mikrophone von Radio oder Fernsehen feuert. Die spitze Feder des Satirikers fängt die Situation aus einem ironischen Blickwinkel ein und dokumentiert die wichtigsten Merkmale seiner Person, womit er die Beobachtung seines Landsmanns, des Argentiniers Jorge Ricardo Masetti, bestätigt, der bei seiner ersten Begegnung mit Che in den kubanischen Bergen feststellt: »Er sah aus wie eine jüngere Ausgabe von Cantinflas.«

In dem Interview, das er einige Monate nach der Revolution in Kuba dem argentinischen Radiosender Rivadavia gegeben hat, erinnert uns der scharfsichtige Guevara an Dinge, die heute noch erschreckend aktuell sind:

»Wenn er [der Internationale Währungsfonds] ein Element der Befreiung Lateinamerikas ist, sollte er das endlich einmal beweisen, glaube ich. Bis jetzt habe ich einen derartigen Beweis noch nicht gesehen. Der IWF übt eine vollkommen andere Funktion aus, nämlich die, sicherzustellen, dass das Kapital, das sich außerhalb Lateinamerikas befindet, ganz Lateinamerika kontrolliert. «

–VC

07

Fragen**begegnen:**
Interviews

DiePresseundChe

(vonEduardoGaleano)

Am Mittwochabend antwortete Che Guevara auf tausend Fragen. Schwärme von Journalisten feuerten sie erbarmungslos ab, und Che hatte die Gelegenheit, sein politisches Talent unter Beweis zu stellen. Er wurde gezwungen, ohne Atempause von Problemen der wirtschaftlichen Entwicklung zu der Aufnahme Kanadas in die OAS (Organisation Amerikanischer Staaten) zu springen, von Kubas Beziehungen mit den Ländern des Ostblocks zu der Herausgabe des Flugzeugs der Pan Am, das am selben Tag [nach Kuba] entführt worden war. Darüber hinaus musste er noch mit der Unverschämtheit und Dummheit der Journalisten fertig werden, was er zu seinem Vorteil nutzte, wo es nötig war, indem er den Stier bei den Hörnern packte und seine Ironie auf Kosten so

manches Journalisten einsetzte. Einer mit englischem Akzent sagte:

»Ich bin ein britischer Journalist. Befinden wir uns im Krieg oder nicht?«

»Das ist keine sehr britische Frage«, antwortete Che.

Dann sagte er mit sichtbarer Gereiztheit zu Milton Fontaina von Saeta TV: »Ich habe keine Ex-Heimat. Sie sollten wissen, Sir, dass mein Land sehr viel größer ist als das Ihre. Lateinamerika ist mein Heimatland.« Applaus brandete durch den Salon des Playa Hotels, und viele Stimmen sprachen durcheinander. »Ich frage Sie nicht, wie viele Sie sind, ich fordere Sie nur auf, so zahlreich wie möglich zu kommen«, sagte Che, und dann bat er sie höflich, ihre Fragen nacheinander zu stellen.

ProfileinesRevolutionärs

»Um meinem Artikel etwas Farbe zu verleihen, möchte ich Sie fragen, wie Sie arbeiten, ob Sie trinken, ob Sie rauchen und ob Sie Frauen lieben.«

»Ich trinke nicht. Ich rauche. Ich wäre kein Mann, wenn ich die Frauen nicht liebte. Ich würde aufhören, ein Revolutionär zu sein, wenn ich meinen revolutionären Pflichten aus diesem oder jenem Grund nicht voll und ganz nachkommen würde. Ich arbeite 16 bis 18 Stunden täglich und schlafe sechs Stunden, wenn ich kann, ansonsten weniger. Ich glaube, dass ich eine Mission zu erfüllen habe auf dieser

Welt, und dieser Aufgabe muss ich alles opfern, jedes tägliche Vergnügen, ein Zuhause, persönliche Sicherheit und möglicherweise auch mein eigenes Leben. Das ist meine Verpflichtung, und von der kann ich mich nicht befreien, solange ich lebe. Ich wurde in Argentinien geboren. Aber gestatten Sie mir, Sie darauf hinzuweisen, dass José Martí und Fidel Castro Lateinamerikaner sind. Meine kulturelle Basis ist Argentinien, gleichzeitig jedoch fühle ich mich als Kubaner. Ich spüre das Leiden jedes Landes in Südamerika und überall sonst auf der Welt.«

Interview mit Jean Daniel

»Guevara, glauben Sie, dass Kuba eine andere Möglichkeit gehabt hätte, als im April 1961 feierlich zu erklären, dass die karibische Republik sich voll und ganz den Grundsätzen des Marxismus-Leninismus verpflichtet fühle?«

Che verzichtet auf den Charme, von dem die Kubaner so freizügig Gebrauch machen, und wird plötzlich ernst.

»Wenn Sie mir diese Frage stellen, weil wir in Algerien sind und weil Sie wissen möchten, ob eine Revolution gegen den Imperialismus von einem unterentwickelten Land durchgeführt werden kann, ohne Teil der kommunistischen Einflusssphäre zu werden, dann sage ich Ihnen Folgendes: Kann sein, ich weiß es nicht, möglicherweise. Ich zweifle daran, aber es ist nicht an mir, das zu beurteilen. Aber wenn Ihre Frage darauf abzielt, eine Vorstellung von dem kubanischen Experiment zu bekommen, dann kann ich mit Bestimmtheit sagen: Nein, es gab für uns keinen anderen Weg, und von einem bestimmten Punkt an wollten wir keinen anderen Weg gehen. Unsere enge Beziehung zum Ostblock ist zu fünfzig Prozent das Ergebnis externen Drucks und zu fünfzig Prozent das Ergebnis einer positiven Entscheidung. In einer Situation, in der wir eine genauere Vorstellung als jedes andere Land von dem bekommen konnten, was Imperialismus ist, haben wir gelernt, dass dies für uns der beste Weg ist, erfolgreich zu kämpfen.

Aber noch wegen etwas anderem möchte ich auf Ihre ziemlich direkte Frage antworten. Wir bedauern die Zerstrittenheit innerhalb der kommunistischen Familie in genau dem Moment, in dem wir dieser Familie beitreten. [...] Gleich von Anfang an haben wir sowjetische und chinesische Texte veröffentlicht, mit gleichem Respekt vor beiden Seiten. Unsere Rolle, wenn wir denn eine zu spielen haben, besteht darin, zur Einheit der kommunistischen Welt beizutragen. Vielleicht schaffen wir es, gehört zu werden und Kräfte für diese Einheit zu mobilisieren, auf Grund unserer besonderen geographischen Lage und auch, weil wir als Sieger über den Imperialismus sprechen.«

Ein heikles Wort ...
(11. November 1963)

»Es gibt mehrere Faktoren, die für das Sinken von Rentabilität und Qualität in der Wirtschaft verantwortlich sind. In welche Rangordnung würden Sie das Folgende bringen: Bürokratismus, Blockade, Mangel an Fachpersonal, Desorganisation, Probleme der Koordinierung ...?«

»Ich würde die Blockade an die erste Stelle setzen. Sie tun so, als bestünden all diese Faktoren unabhängig voneinander, wo sie doch das direkte Resultat von Blockade und Aggression sind.

Es stimmt zum Beispiel, dass wir einen Mangel an Fachpersonal haben. Das hängt zum größten Teil damit zusammen, dass viele qualifizierte Arbeiter das Land verlassen, um in der imperialistischen Welt zu leben, sei es aus Feigheit oder aus Eigennutz. Und auch dieses Problem wird verursacht durch die Blockade und die Aggression.

An die zweite Stelle würde ich den Bürokratismus setzen, aber Bürokratismus ist ein heikles Wort.«

Interview mit Studenten aus den Vereinigten Staaten

Nachdem Che Guevara lange mit den Studenten geredet hatte, fragten sie ihn, was ihm am wenigsten an der Revolution gefalle. Der Industrieminister antwortete:

»Was mir am wenigsten gefällt, ist unser gelegentlicher Mangel an Mut uns gewissen Realitäten zu stellen, sowohl ökonomischen als auch politischen, aber besonders ökonomischen. Manchmal hatten wir Genossen, die die Vogel-Strauß-Taktik anwendeten, indem sie den Kopf in den Sand steckten. Wir haben Dürre, Imperialismus etc. für unsere ökonomischen Probleme verantwortlich gemacht, und bisweilen, wenn wir die schlechten Nachrichten nicht verbreiten wollten, haben wir gezögert, und dann war nur die Version der ›Stimme Amerikas‹ zu hören.«

Die grösste Schwierigkeit besteht darin, Verhaltensrichtlinien beizubehalten…

(Interview für Radio Rivadavia in Argentinien, 3. November 1959)

In einem Interview, das in Havanna aufgezeichnet wurde und heute Abend hier in Radio Rivadavia gesendet wird, erklärte Ernesto Che Guevara, Kommandant der kubanischen Revolutionsarmee, dass »nur wenige Regierungschefs es geschafft haben, in die Vereinigten Staaten zu fahren und mit einem reinen Gewissen zurückzukommen, so wie es unserem Premierminister Fidel Castro gelungen ist.« [Fidel Castro fuhr im April 1959 in die Vereinigten Staaten.]

Comandante Guevara sagte dies in Bezug auf den Unterschied im Verhalten, den »man bei revolutionären Bewegungen beobachten kann, bevor und nachdem sie an die Macht gekommen sind. Wenn man erst einmal an der Macht ist«, fügte Guevara hinzu, »besteht die größte Schwierigkeit darin, angesichts der unvermeidlichen Angriffe von Seiten des ausländischen Monopolkapitalismus und des ökonomischen Drucks Verhaltensrichtlinien beizubehalten.

Könnten dementsprechende Standards in Lateinamerika geschaffen werden«, fügte er hinzu, »würde das zu einer gemeinsamen Politik führen, die in der Lage wäre, unsere Position auf internationaler Ebene wirksam zu verteidigen, vergleichbar mit der Haltung, die die afro-asiatischen Länder in der so genannten Bandung-Deklaration eingenommen haben. Trotz großer Unterschiede in den Sozialsystemen – die Bandbreite reicht von praktisch sozialistischen Systemen bis hin zu internationalen Sultanaten – halten sie eine Zusammenarbeit aufrecht, um die sie unsere lateinamerikanischen Länder nur beneiden können.«

In Bezug auf den Internationalen Währungsfonds erklärte Comandante Guevara: »Wenn er ein Element der Befreiung Lateinamerikas ist, dann sollte er das endlich einmal beweisen, glaube ich. Bis jetzt habe ich einen derartigen Beweis noch nicht gesehen. Der IWF übt eine vollkommen andere Funktion aus, nämlich die, sicherzustellen, dass das Kapital, das sich außerhalb Lateinamerikas befindet, ganz Lateinamerika kontrolliert.« Guevara sagte weiter, dass der IWF »weiß, dass wir im Falle einer Aggression gegen uns in einer Weise reagieren werden, in der wir solche Dinge, wie sie wissen, zu tun pflegen. Die Interessen des IWF repräsentieren die internationalen Interessen, die heute allem Anschein nach in der Wall Street konzentriert sind und von dort aus durchgesetzt werden.

Das komplexe Problem des Handelsbilanzdefizits«, fuhr er fort, »kann dadurch gelöst werden, dass man sowohl die Produktion als auch die Außenhandelsbeziehungen diversifiziert. Meine Reise in die Länder Afrikas und Asiens steht in Übereinstimmung mit der Entscheidung der kubanischen Regierung, überall auf der Welt neue Märkte zu erschließen. Unser Ziel ist es, mit allen möglichen Ländern Handel zu treiben – ideologische Schranken gibt es im Handel für uns nicht.«

Und Guevara fügte hinzu: »Das Einzige, was Kuba an anderen Ländern interessiert, sind die Produkte, die sie im Austausch mit kubanischen Produkten anbieten können, und die Bedingungen, zu denen sie das tun wollen.«

Er erklärte, dass er während seiner Reise mit einer Reihe von Ländern Handelsabkommen unterzeichnet habe oder im Begriff stehe, es zu tun, und dass für Kuba die Möglichkeit bestehe, mit Jugoslawien, Indien, Ceylon, Indonesien, Dänemark und Pakistan Handel zu treiben. Er merkte an, dass in den Ländern, die er besucht habe, eine ähnliche politisch-soziale Situation herrsche wie in Kuba und dass »sie für ihre Freiheit kämpfen, weil ihre Märkte und ihr Außenhandel von kolonialen Interessen kontrolliert werden«.

»Was sie brauchen«, sagte er, »ist eine umfassende Agrarreform, und außerdem müssen sie ihre Industrialisierung vorantreiben. Kuba ist ihr Verbündeter auf dem Weg zu einer vollkommenen Gesundung der Wirtschaft.«

Er betonte, Kuba gedenke seine Handelsbeziehungen mit den Ländern Ost- und Westeuropas weiterzuentwickeln, »denn wir glauben, dass Handel eine Sache ist und ideologische Differenzen eine ganz andere.« Er sagte, dass Kuba daran interessiert sei, seinen Handel mit anderen Ländern Südamerikas zu intensivieren, und dass die Verhandlungen mit einem lateinamerikanischen Land absolute Priorität gegenüber denen mit Ländern anderer Kontinente genieße.

Ökonomische Interessen führen direkt zu politischen Interessen, sagte Comandante Guevara, und dann erklärte er, dass »diejenigen in Kuba, die zur gegenwärtigen Revolutionsregierung in Opposition stehen, kapitalistische Parasiten seien, die von den Maßnahmen der Regierung direkt betroffen sind, zum Beispiel die Großgrundbesitzer.« Er nannte ein riesiges, von den USA kontrolliertes Gebiet von 150.000 Hektar – Atlántico del Golfo – und führte aus, dass solche Kreise mit einem gewissen Typ von US-Kapital in

Verbindung stünden, das »in einigen
Fällen die Anschläge, die wir in letzter
Zeit erleben mussten, finanziert hat.
Und wir haben keinen Zweifel daran«,
fügte er hinzu, »dass es davon in
Zukunft noch mehr geben wird.«

In Bezug auf die Unterstützung der
Revolutionsregierung in Kuba durch das
Volk sagte Guevara: »Sie kommt aus
allen Bereichen, die in ökonomischer
und moralischer Hinsicht etwas zu
gewinnen haben: von den Bauern und

Arbeitern vor allem, und dann von der Mittelklasse, einschließlich aller Arten von professionellen und legalen Händlern. Die Leute«, fuhr er fort, »sind nichts anderes als die Repräsentanten einer Ideologie, einer Art zu denken, und die muss getragen werden von einer breiten Massenbasis. Es gibt Bewegungen in Lateinamerika, die im Stande sind, einen Nexus von Unterstützung und Solidarität mit einer Position zu schaffen, die zum Ziel hat, die ökonomische und politische Unterwerfung Lateinamerikas zu bekämpfen. General Cárdenas in Mexiko, Larra-zábal in Venezuela, Palacios in Argentinien, De Aranha in Brasilien und andere erfüllen diese Bedingungen in mehr oder weniger großem Ausmaß.«

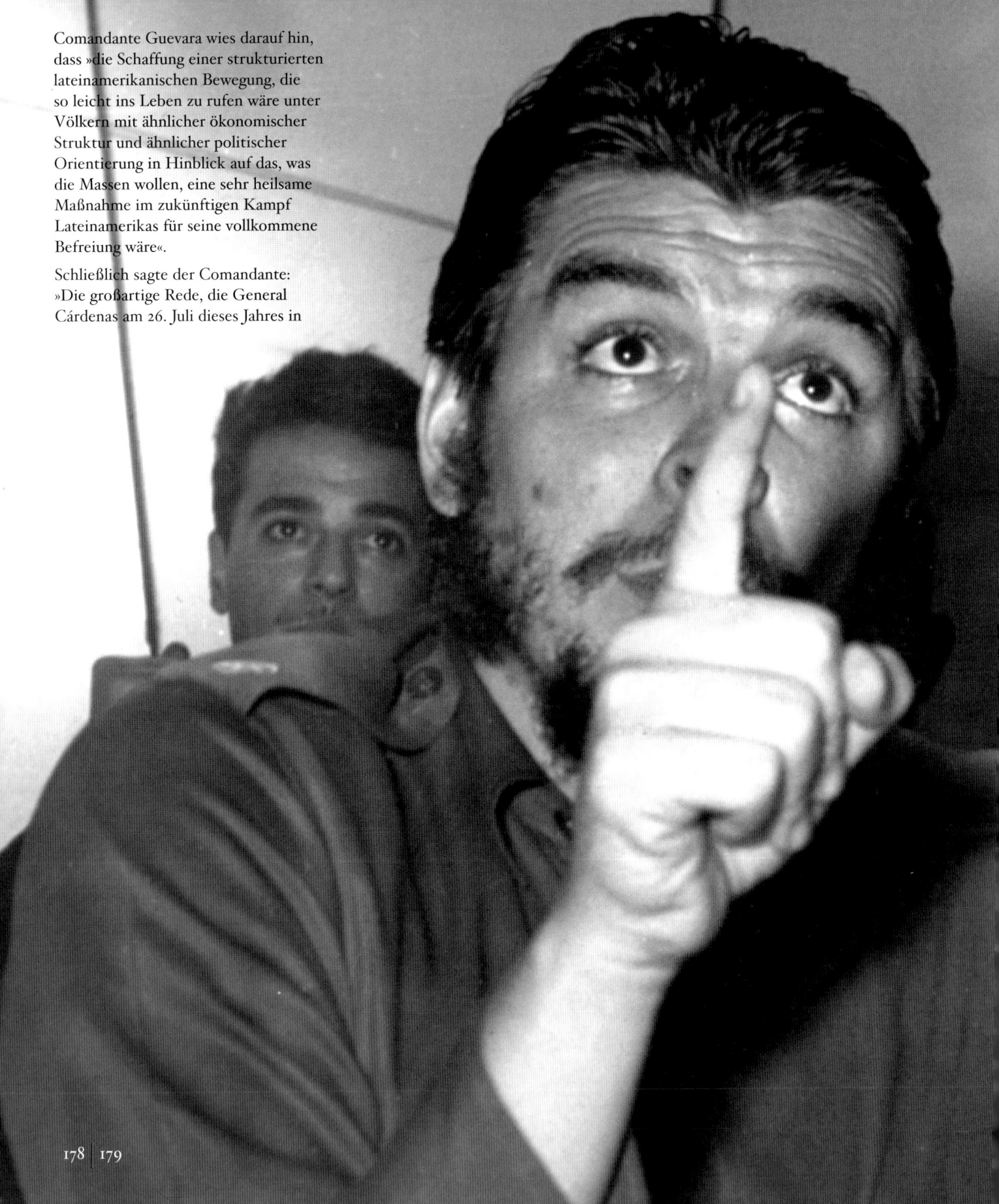

Comandante Guevara wies darauf hin,
dass »die Schaffung einer strukturierten
lateinamerikanischen Bewegung, die
so leicht ins Leben zu rufen wäre unter
Völkern mit ähnlicher ökonomischer
Struktur und ähnlicher politischer
Orientierung in Hinblick auf das, was
die Massen wollen, eine sehr heilsame
Maßnahme im zukünftigen Kampf
Lateinamerikas für seine vollkommene
Befreiung wäre«.

Schließlich sagte der Comandante:
»Die großartige Rede, die General
Cárdenas am 26. Juli dieses Jahres in

Havanna gehalten hat, war ein Beitrag zur Konsolidierung der Beziehungen zwischen Kuba und dem Staat Mexiko.« Und weiter: »Die Tatsache, dass es keinen einzigen Weizenhalm in ganz Kuba gibt, ist eine gute Basis für Verhandlungen, die zu einem Handelsabkommen zwischen Argentinien und Kuba führen könnten.«

Er stellte klar, dass er nicht auf seine argentinische Staatsbürgerschaft verzichtet habe, obwohl die kubanische Regierung ihm die kubanische Staatsbürgerschaft »von Geburt an« verliehen

habe, und er fügte hinzu, dass es schwierig für ihn sei, in das Land seiner Geburt zu reisen, »denn die intensive Arbeit, die ein Mitglied der Revolutionsregierung zu leisten hat, macht es praktisch unmöglich, das Land zu verlassen, es sei denn, es dient einem speziellen Ziel, wie zum Beispiel bei unserer Reise in den Osten«.

Freundschaften begleiten das Leben von Che, angefangen von seiner Kindheit, als er im Hinterhof des Hauses in Altagracia die Schlachten des spanischen Bürgerkriegs nachspielte, bis hin zu seinem letzten Kampf in der Schlucht des Yuro im Oktober 1967.

Dieses Buch widmet dieser wunderbaren menschlichen Gefühlsregung große Aufmerksamkeit: In jedem Kapitel ist es möglich, einen Namen zu unterstreichen oder eine Anekdote hervorzuheben, die von Freundschaft und ihrem hohen Wert zeugt. Die Reisen durch Argentinien oder die Länder Lateinamerikas und die Erfahrungen als Widerstandskämpfer auf zwei Kontinenten liefern Fakten und Geschichten, die Ernestos Menschlichkeit und Sinn für gegenseitigen Respekt widerspiegeln.

Das folgende Kapitel beinhaltet Geschriebenes aus diesem oder jenem Zusammenhang, von Freunden oder für Freunde verfasste Zeilen, im Zeichen der Freundschaft. Es könnte der großen Freundschaft in Ches Leben gewidmet sein, die geradezu ein Symbol der Freundschaft ist: der Freundschaft mit Camilo Cienfuegos. Die folgenden Worte sind Ches Vorwort zu *Der Guerillakrieg* entnommen: »[...] an den großen Kommandanten, den größten Guerilla-Führer, den diese Revolution hervorgebracht hat, den untadeligen Revolutionär und Waffenbruder.«

Der Brief von Camilo, der sich in diesem Kapitel findet, geschrieben in seiner umständlichen Art, ist Teil des Dialogs, den diese beiden Männer mitten im Gefechtslärm, trotz der Kompliziertheit menschlicher Beziehungen in den entscheidenden Momenten großer Veränderungen, aufrechterhalten haben. In der Gedenkrede für seinen Genossen Camilo lässt uns Che wissen:

»Revolutionen sind keine vollkommen integren Bewegungen; sie werden von Menschen gemacht, bestimmt von internen Kämpfen, von Ehrgeiz und gegenseitiger Ignoranz. Sobald all das überwunden ist, verwandeln sie sich in eine Bühne der Geschichte, die, zum Besseren oder Schlechteren, zu Recht oder Unrecht, still wird und verschwindet. Auch unsere Geschichte ist voll von solchen Streitigkeiten, voll von solchen Kämpfen, die bisweilen sehr heftig waren, voll von gegenseitiger Ignoranz. [...] Und das war offenbar ein einender Faktor.«

Wir haben auch Ches Nachruf auf El Patojo in unser Buch aufgenommen, die Illustration einer Freundschaft, die aus der Einsamkeit heraus geboren wurde, im Überlebenskampf in Mexiko, nachdem die beiden auf Grund des Militärputsches von 1954, der die Regierung von Jacobo Arbenz gestürzt hatte, aus Guatemala geflohen waren. In den Aufzeichnungen, die von diesem Moment berichten, charakterisiert Ernesto den neuen Freund: »Sein Name ist Julio Roberto Cáceres Valle und er scheint auch leidenschaftlich gerne zu reisen.« Zusammen lernten sie »ganz Mexiko-City kennen, durchwanderten die Stadt von einem Ende zum anderen und versuchten die scheußlichen Fotos, die wir gemacht hatten, an den Mann zu bringen. Wir schlugen uns mit allen möglichen Kunden herum, versuchten sie davon zu überzeugen, dass der kleine Junge auf dem Foto wirklich ganz niedlich aussehe und es ein ausgesprochenes Schnäppchen sei, nur einen mexikanischen Peso für so etwas Wunderbares zahlen zu müssen«.

Von Kuba, wo er in der Zeit nach dem Sieg der Revolution im Jahre 1959 arbeitete, ging El Patojo nach Guatemala zurück, um für die Unabhängigkeit seiner Heimat zu kämpfen; er wurde bei einer der Aktionen der noch im Entstehen begriffenen Guerilla-Armee getötet. Der letzte Abschnitt von Ches *Etappen des revolutionären Kampfes* ist auch ein Abschiedswort für diesen Freund, der »ein introvertierter Mensch war, hochintelligent, sehr gebildet, empfindsam, eine ausgereifte Persönlichkeit, bereit, seine großartigen Fähigkeiten in den Dienst seines Volkes zu stellen.«

Den Dialog der Freundschaft komplettieren zwei Texte, die Zeit und Entfernung überbrücken. Der erste ist ein im Oktober 1956 in Mexiko geschriebener Brief, den Ernesto Tita Infante, einer Freundin aus Universitätstagen, schickte, »niedergeschlagen und ohne Perspektive«, jedoch kurz davor, die Richtung seines Lebens neu zu bestimmen: »Ich warte ab, was aus der Revolution wird; wenn es gut ausgeht, werde ich mich nach Kuba aufmachen.«

Das andere Dokument ist ein bewegendes Zeugnis, geschrieben von Tita, mit der er über viele Jahre hinweg in Briefkontakt stand. Es ist die Erinnerung an eine Jugendliebe in Córdoba, verfasst ein Jahr nach dem Tod des Comandante, den sie als »den vielleicht authentischsten aller Weltbürger« bezeichnet.

—VC

08

An den
Waffenbruder

Der Riese tut gut daran, auf dich aufzupassen...

(Brief von Camilo Cienfuegos)

24. April 1958

Che, Bruder meines Herzens,

deine Nachricht habe ich bekommen. Habe gehört, dass Fidel dich an die Spitze der Militärakademie gestellt hat, und freue mich sehr darüber, denn so werden wir in Zukunft über erstklassige Soldaten verfügen.

Als mir gesagt wurde, dass du kommen würdest, um »uns das Geschenk deiner Anwesenheit zu machen«, war ich nicht sehr erbaut davon. Du hast in diesem Konflikt die wichtigste Rolle übernommen. Wenn wir dich in dieser Phase des Aufstandes brauchen, wird Kuba dich um so mehr brauchen, sobald der Krieg vorbei ist. Deshalb tut der Riese gut daran, auf dich aufzupassen.

Gerne wäre ich ständig an deiner Seite. Du warst lange mein Chef, und das wirst du für immer bleiben. Nun habe ich die Möglichkeit, nützlicher zu sein, und das habe ich dir zu verdanken. Ich würde alles tun, damit du nie schlecht aussiehst.

Dein ewiger Schleimscheißer

Camilo

An Camilo

(Vorwort zu »Der Guerilla-Krieg«)

Eigentlich sollte Camilo Cienfuegos dieser Text zur Genehmigung vorgelegt werden. Er sollte ihn lesen und korrigieren. Doch dann griff das Schicksal ein. Diese und die folgenden Zeilen können betrachtet werden als Hommage der Revolutionsarmee an den großen Kommandanten, den größten Guerilla-Führer, den diese Revolution hervorgebracht hat, an den untadeligen Revolutionär und Waffenbruder.

Camilo war der Genosse in hundert Schlachten, der wichtigste Vertraute Fidels in den schwierigen Momenten des Krieges und der selbstlose Kämpfer, der jedes Opfer brachte, um seinen Charakter zu zügeln und den seiner Truppen zu formen. Ich glaube, er würde dieser Schrift zustimmen, die unsere Erfahrungen als Widerstandskämpfer, das Ergebnis des Guerilla-Lebens an sich, zusammenfasst. Er selbst war es, der diesem Text sein vitales Temperament, seine Intelligenz und seine Kühnheit hinzugefügt hat, in einem Grad, den nur wenige große Persönlichkeiten der Geschichte erreicht haben.

Wir sollten uns Camilo jedoch nicht als einsamen Helden vorstellen, der seine wunderbaren Taten nur kraft seines Genies vollbracht hätte. Man sollte ihn stattdessen als Teil des Volkes betrachten, das ihn zu dem gemacht hat, was er war, so wie es, unter den harten Bedingungen des Kampfes, seine Helden, Märtyrer und Anführer hervorbringt.

Ich weiß nicht, ob Camilo Dantons Maxime für revolutionäre Bewegungen kannte: »Kühnheit, Kühnheit und noch mehr Kühnheit.« Auf jeden Fall ist er ihr bei jeder Aktion gefolgt, und außerdem erfüllte er auch die anderen unverzichtbaren Voraussetzungen für den Guerillero: das präzise, rasche Analysieren einer Situation sowie vorausschauendes Erkennen und Vermitteln von Problemen, die in der Zukunft gelöst werden müssen.

Auch wenn dieser Text, eine persönliche Hommage und auch eine Hommage im Namen des Volkes an unseren Helden, nicht darauf abzielt, eine Biographie zu sein oder auch nur die Geschichten seines Lebens zu erzählen, so war Camilo doch der Held Tausender von Geschichten; er verursachte sie, wo immer er sich aufhielt. Seine Ungezwungenheit im Umgang mit den Leuten und seine Wertschätzung für sie gehörten untrennbar zu seiner Persönlichkeit. Dieser manchen nicht bekannte oder zuweilen vergessene Zug seines Charakters drückte allem, was zu ihm gehörte, seinen unverwechselbaren Stempel auf: die unverwechselbare Spur seiner Taten, die nur wenigen Menschen zu hinterlassen vergönnt ist. Fidel hat es bereits gesagt: Camilo hatte kein Bücherwissen, dafür aber die natürliche Intelligenz des Volkes. Man hat ihn unter Tausenden ausgewählt, um ihn an diesen seinen herausragenden Platz zu stellen, den er sich durch Kühnheit, Ausdauer, Intelligenz und Hingabe ohnegleichen verdient hatte.

Camilos Loyalität war seine Religion, und er übte sie voller Hingabe aus, sowohl in seiner persönlichen Loyalität zu Fidel, der so wie kein anderer den Willen des Volkes verkörpert, als auch in seiner Loyalität zum Volke selbst. Das Volk und Fidel marschieren vereint voran, und mit ihnen marschierte der treu ergebene, unbesiegbare Guerillero.

Wer hat ihn getötet? Es wäre besser, uns zu fragen: Wer machte seinem physischen Sein ein Ende? Denn Männer wie Camilo leben im Volk weiter. Sein Leben endet nicht, solange das Volk es nicht zulässt.

Der Feind hat ihn getötet. Er hat ihn getötet, weil er seinen Tod wollte. Er hat ihn getötet, weil es keine absolut sicheren Flugzeuge gibt und Piloten nicht über all die notwendige Erfahrung verfügen können, weil er, mit Arbeit überlastet, in kürzester Zeit in Havanna sein wollte … Und auch sein Charakter hat ihn getötet. Camilo hatte keinen Sinn für Gefahr, sie war wie ein Spiel für ihn, er spielte mit ihr, foppte sie, forderte sie heraus, kontrollierte sie. Ihn, den Guerillero, konnte eine lächerliche Wolke nicht aufhalten oder von dem Kurs abbringen, dem er folgte.

Es passierte zu einer Zeit, als ein ganzes Volk ihn kannte, bewunderte und liebte. Es hätte früher passieren können, und dann wäre seine Geschichte einfach die eines Guerilla-Führers gewesen. Es wird viele Camilos geben, wie Fidel gesagt hat. Und es gab andere Camilos, möchte ich hinzufügen, deren Leben endete, bevor sich ein so wunderbarer Kreis geschlossen hätte wie der, der ihn in die Geschichte eingehen lässt.

Camilo und jene anderen Camilos (die, die nicht in die Geschichte eingegangen sind, und die, die kommen werden) sind ein Hinweis auf die Stärke des Volkes.

Sie sind der höchste Ausdruck für das, was ein Volk zu geben im Stande ist, wenn es bereit ist, in den Krieg zu ziehen, um seine reinsten Ideale zu verteidigen, den Blick auf das Erreichen seiner edelsten Ziele gerichtet.

Wir wollen ihn nicht kategorisieren, ihn nicht in eine Form gießen. Das würde ihn umbringen. Lassen wir ihn so, in vagen Umrissen, ohne ihn seiner sozioökonomischen Ideologie zu unterwerfen, die er nicht präzise definiert hat. Heben wir hervor, dass es in diesem Befreiungskrieg keinen vergleichbaren Soldaten wie Camilo gegeben hat. Ein beispielhafter Revolutionär, ein Mann des Volkes, ein Architekt dieser Revolution, die die kubanische Nation zu ihrer eigenen gemacht hat. Undenkbar, dass auch nur der leichteste Schatten von Erschöpfung oder Enttäuschung seinen Geist gestreift hätte. Camilo, der Guerillero, ist Gegenstand täglicher Erinnerung; er ist der, der dieses oder jenes gemacht hat, »eine von Camilos Sachen«; er, der seinen präzisen, unauslöschlichen Stempel der kubanischen Revolution aufgedrückt hat; er, der präsent ist in denen, die nicht in die Geschichte eingegangen sind, und in denen, die noch kommen werden.

In seiner fortwährenden und unsterblichen Erneuerung ist Camilo das Bild, in dem sich das Volk wiedererkennt.

Ich lebe in jenem anarchistischen Geist, der mich von neuen Horizonten träumen lässt...

(Brief an Tita Infante)

[etwa Oktober 1956]

Liebe Tita,

so viel Zeit ist vergangen, seit ich dir geschrieben habe, dass ich das aus unserem ständigen Kontakt erwachsene Vertrauen verloren habe. (Ich bin sicher, dass du aus meinem Geschreibsel nicht recht schlau wirst. Ich will dir alles nach und nach erklären.)

Erstens ist mein kleines Indianermädchen jetzt neun Monate alt. Sie ist sehr süß, voller Leben etc.

Zweitens und vor allem: Vor einer Weile haben mich kubanische Revolutionäre aufgefordert, die Bewegung mit meinem medizinischen »Wissen« zu unterstützen, und ich habe zugesagt, weil das, wie du ja weißt, genau die Art von Arbeit ist, die mir zusagt. Ich bin in die Berge gegangen, um auf einem Bauernhof die Ausbildung zu leiten, die Truppen zu impfen etc.; aber ich hatte das wenige Glück (ein kubanischer Ausdruck), dass die Polizei uns alle geschnappt hat, und da meine Papiere schon gut abgehangen waren (ein mexikanischer Ausdruck), musste ich zwei Monate im Knast schmoren, und außerdem wurden mir meine Schreibmaschine und noch so einiges andere gestohlen (daher dieser handgeschriebene Brief). Danach machte die Regierung den großen Fehler, meinem Wort als Gentleman zu glauben und mich unter der Bedingung freizulassen, innerhalb von zehn Tagen aus dem Land zu verschwinden. Jetzt, drei Monate später, bin ich immer noch hier, allerdings verstecke ich mich, ohne Perspektive, hier in Mexiko. Ich warte nur ab, was aus der Revolution wird; wenn es gut ausgeht, werde ich mich nach Kuba aufmachen; wenn es schlecht ausgeht, sehe ich mich nach einem Land um, in dem ich bleiben kann. In diesem Jahr kann sich mein Leben grundlegend verändern, doch es hat sich schon so oft verändert, dass ich davon nicht besonders überrascht oder bewegt sein werde.

Natürlich bin ich alle meine wissenschaftlichen Jobs los, und nun lese ich eifrig den lieben Karl Marx und den lieben Friedrich Engels und all die anderen Lieben. Ich habe vergessen, dir zu erzählen, dass sie, als ich im Gefängnis saß, bei mir mehrere Russischbücher und einen Brief vom mexikanisch-russischen Institut gefunden haben; da habe ich nämlich einen Sprachkurs besucht, weil ich doch dieses Problem mit den konditionierten Reflexen habe.

Vielleicht interessiert es dich, dass meine Ehe fast völlig im Eimer ist und sie es im nächsten Monat vollkommen und endgültig sein wird. Meine Frau wird nach Peru fahren, um ihre Familie zu besuchen, die sie acht Jahre nicht gesehen hat. Es gibt einen gewissen bitteren Nachgeschmack bei unserer Trennung, denn sie war eine treue Genossin, und ihre revolutionäre Haltung während meines erzwungenen Urlaubs war tadellos. Aber unsere geistigen Gegensätze sind sehr groß. Ich lebe in jenem anarchistischen Geist, der mich von neuen Horizonten träumen lässt, denn ich werde gehalten »auf dem Erdreich deiner Seele, am Kreuz deiner Arme«, wie der liebe Pablo Neruda sagte.

Ich mache jetzt Schluss. Schreib mir nicht bis nach dem nächsten Brief, der mehr Neuigkeiten enthalten wird und, endlich, eine feste Adresse.

Es grüßt dich herzlich wie immer dein Freund

Ernesto

Stimme kein Siegesgeheul an am sonnenlosen Tag der Schlacht

(Huldigung von Tita Infante an Che, ein Jahr nach seinem Tod)

Als ich gebeten wurde, an dieser argentinischen Gedenkschrift mitzuarbeiten, war mir bewusst, dass das Unternehmen über meine Kräfte gehen würde, was ich auch gesagt habe. Aber wie konnte ich mich einer solchen ehrenvollen Aufgabe verweigern? Oder mich einer solchen Pflicht entziehen?

Jetzt, da ich dieses noch weiße Blatt Papier vor mir sehe, kommt mir mein Ziel unerreichbar vor. Das Andenken an einen großen Mann heraufzubeschwören ist immer eine schwierige Aufgabe. Wenn dieser Mann Ernesto Guevara ist und wir das Jahr 1968 schreiben, scheint die Aufgabe unlösbar.

Ein Jahr ist vergangen, seit ich in dieses Land nach langer Abwesenheit zurückgekehrt bin. Die ersten Zeitungen, die ich gelesen habe – mit vor Schreck weit aufgerissenen Augen, zitternden Händen und stockendem Atem –, brachten die sich nach und nach als wahr herausstellende Nachricht von seinem tragischen Tod, dem entsetzlichen Mord, für den Lateinamerika eines Tages Gerechtigkeit verlangen wird.

Ein Jahr ist das her. Schon so lang – und noch so frisch, wie das Blut, das die bolivianische Erde getränkt hat, wie der Blick aus den großen Augen, der die Grenze zum Tod überschreitet, jenseits von Raum und Zeit. Der Körper eines tapferen Mannes auf einer elenden Zeltplane, sein schöner Kopf, umrahmt von dem Bart und der Mähne eines Guerilleros, sein Christus-Gesicht, ohne dessen Ausdruck von Schmerz [...] Erde und Holz, Quellwasser, ungezähmte Lebenskraft [...] Ernesto ist tot, doch er wurde in der Ewigkeit wiedergeboren. Er hat immer freudvoll gelebt auf seinem Weg zur Tragödie. Der Tod hat seine Reise beendet, jedoch die Tür zu dem Leben, das er sich so sehr gewünscht hat, geöffnet. Die Erinnerung an Ernesto, an sein Leben und seinen Kampf, wird ewig weiterleben in den Herzen der Völker dieser Erde: Ernesto Guevara war einer von denen, die eins der seltenen Geschenke des Schicksals an die Menschheit sind.

In dem Jahr nach seinem Tod wurde viel über Ernesto geschrieben: Bücher, Artikel, Untersuchungen, Essays, Biographien. Was kann ich da noch über ihn sagen?

Eine enge Freundschaft hat uns über viele Jahre hinweg verbunden. Beinahe sechs Jahre standen wir in persönlichem Kontakt, und danach haben wir uns Briefe geschrieben. Unsere Freundschaft begann 1947. In einem Anatomie-Hörsaal der medizinischen Fakultät hörte ich häufig eine warme, tiefe Stimme. Die Ironie, die in dieser Stimme lag, machte sowohl dem Sprecher als auch seinen Zuhörern Mut, wenn uns, den zukünftigen Ärzten, ein Schauspiel geboten wurde, das auch die Unempfindlichsten unter uns schockierte. Dem Akzent nach zu urteilen, kam der gut aussehende, selbstbewusste junge Mann aus der Provinz. [...] Das Feuer, das Ernestos Leben verbrennen sollte, war unter seiner scheuen, etwas hölzernen Höflichkeit verborgen, funkelte jedoch bereits in seinem Blick. Eine Mischung aus Schüchternheit und Arroganz, vielleicht auch Kühnheit, überdeckte seine scharfsinnige Intelligenz und ein unersättliches Verlangen, zu verstehen; dort, tief unten, lag eine unendliche Fähigkeit zur Liebe.

Wir gehörten nie derselben Gruppe an, weder einer kulturellen noch einer politischen; auch hatten wir nicht denselben Freundeskreis. Wir waren beide, aus verschiedenen Gründen, so etwas wie Außenseiter in der Fakultät, Ernesto vielleicht deshalb, weil er wusste, dass er dort nur sehr wenig von dem finden würde, was er suchte. Unser Kontakt war darum immer privater Natur, in der Universität, in Cafés, bei mir zu Hause, seltener bei ihm. [...] Wir trafen uns auch im Naturkundemuseum, immer mittwochs, »um die Phylogenese des Nervensystems zu studieren«. Zu der Zeit widmeten wir uns dem Studium der Fische, abwechselnd dem Sezieren, Präparieren und Paraffinieren und den Mikrotomen, machten Querschnitte, arbeiteten mit dem Mikroskop etc., manchmal unter der Anleitung eines

alten deutschen Professors. Und Ernestos angenehme Art zu plaudern verkürzte ein wenig die Stunden, die einem ansonsten endlos lang erschienen. Nie kam es vor, dass er eine Verabredung nicht einhielt, und immer war er pünktlich. Nie ließ er einen im Stich. Was für ein seltsamer Bohemien!

Jedes Mal, wenn eine Entscheidung zu unseren Gunsten ausging, sagten wir uns die Verse von Gutiérrez vor, die wir beide so liebten:

Stimme kein Siegesgeheul an am sonnenlosen Tag der Schlacht.

Später habe ich mich oft gefragt, wie oft Ernesto diese Worte wohl wiederholt haben mochte, in der Sierra Maestra, im Kongo, in Bolivien ... Sein ganzes Leben war ein Kampf, und vielleicht ist das der Grund, weswegen jene Verse so offensichtlich zu ihm gehören.

Häufig sah ich Ernesto besorgt, ernst oder nachdenklich, aber nie wirklich traurig oder verbittert. Ich kann mich an keine Begegnung mit ihm erinnern, bei der sein Lächeln oder seine herzliche Freundlichkeit gefehlt hätten, die alle, die ihn kannten, so sehr an ihm zu schätzen wussten. In einer Unterhaltung mit ihm gab es keinen Raum für das Gemeine, Niederträchtige; nach einem kurzen, sehr kritischen Satz konnte er direkt darauf etwas Positives folgen lassen und damit zu einer

konstruktiven Zukunftsperspektive überleiten. Ernesto konnte man selten so verstehen, dass er gegen etwas, sondern fast immer, dass er für etwas war. Vielleicht fand man deshalb bei ihm nie die kleinste Spur von Bosheit.

Weil Ernesto jede Minute so gut wie möglich nutzte, sogar im Bus, hatte er immer ein Buch bei sich. Manchmal war es ein Band von Freud (»Ich möchte die Krankengeschichte eines Patienten noch einmal nachlesen, weil ich an einem Fall interessiert bin«), dann wieder ein Fachbuch oder ein Klassiker. Er hatte nie Geld übrig, im Gegenteil. Damals verdiente er sich seinen Lebensunterhalt, indem er für Dr. Pisani Untersuchungen über Allergien machte. Seine finanzielle Situation hat ihn jedoch nie sonderlich bekümmert und ihn nie davon abgehalten, das zu tun, was er als seine Pflicht ansah. Weder die scheinbare Sorglosigkeit noch die offensichtliche Gleichgültigkeit gegenüber seiner Kleidung konnten sein nobles Wesen überdecken.

Eine banale Geschichte kommt mir in den Sinn. Wir liehen uns häufig gegenseitig Bücher, und einmal gab ich Ernesto *Freundschaft oder Ein Tabakladen* von Panaït Istrati. Es gefiel ihm sehr, und wir redeten darüber. Leider hatte er das Buch unterwegs gelesen und dabei verbummelt. Er wollte es mir ersetzen, und schließlich fand er eine neue Ausgabe desselben Buches. Dabei war meins nur ein ganz bescheidenes, schlecht gebundenes Bändchen gewesen, das ich in einem Antiquariat auf der Avenida Corrientes gekauft hatte!

Unsere Beziehung war geprägt von gegenseitigem Vertrauen und tiefer Vertrautheit, so dass wir uns sowohl die glücklichen als auch die peinlichen Ereignisse unseres Privatlebens erzählen konnten. Jedoch machte die Zurückhaltung, die ihn charakterisierte, es möglich, dass wir uns zwar eine Menge

erzählen konnten, aber nicht das Bedürfnis hatten, unausgesetzt zu reden.

Ernesto war kein besonders fleißiger Student, aber wenn er lernte, war es effektiv. Tief im Innern des jungen Mannes, der immer bereit war für ein »Abenteuer«, immer mit dem Gefühl, »Rocinantes Rippen zwischen den Schenkeln zu spüren« und fortgetrieben zu werden, schlummerte ein großer Wissensdurst. Er trachtete nicht danach, Schätze in einem scharfsinnigen Geist anzuhäufen, vielmehr war er unermüdlich auf der Suche nach der Wahrheit und damit nach seinem Schicksal. Alles bei Ernesto hing zusammen, und jede Erfahrung oder Tatsache, gleich welcher Art, wurde in sein Leben integriert.

Ernesto machte sein Examen nach weniger als sechs Jahren, trotz Reisen, Arbeit, Sport (damals Rugby und Golf) und der Tatsache, dass er einen Großteil seiner Zeit damit zubrachte, zu lesen und Freundschaften zu pflegen. Ernesto wusste, wie man lernen muss: Er ging vom Kern eines Problems aus und arbeitete sich von dort aus vor, soweit es ihm seine Pläne erlaubten. Wenn ihn ein Thema fesselte, hielt er inne und beschäftigte sich intensiv damit: Leprologie, Allergologie, Neurophysiologie, Psychologie. [...] Mit derselben Hartnäckigkeit konnte Ernesto am Abend vor einem Examen anrufen und einen nach der Klassifikation von Pflanzen in A, B und C fragen, entsprechend ihrem prozentuellen Anteil an Kalorien oder Proteinen. [...] Er ließ praktische Übungen und theoretische Vorlesungen mit derselben Leichtigkeit sausen, mit der er über Hindernisse hüpfte. Wenn er aber sein Wort gab, hielt er es um jeden Preis. Sein ernährungswissenschaftliches Praktikum zum Beispiel absolvierte er, nachdem er bereits sein Abschlussexamen gemacht hatte.

Ernesto hatte einen tiefen Sinn für Menschlichkeit und pflegte seine

Freundschaften mit viel Hingabe und Liebe. Freundschaft bedeutete für ihn gleichermaßen heilige Pflichten und verbriefte Rechte, und danach handelte er. Mit derselben Selbstverständlichkeit nahm und gab er, in allen Bereichen des Lebens.

Entfernung war für Ernesto nicht gleichbedeutend mit Abwesenheit. Auf jeder Reise hielten seine mehr oder weniger regelmäßigen Briefe (je nach Route oder finanzieller Lage) den Dialog aufrecht. Als begeisterter Fotograf schickte er manchmal Fotos von den unterschiedlichsten Situationen seines Lebens: krank im Hospital im Süden Argentiniens, nicht wiederzuerkennen, so abgemagert, wie er war; auf einem Rad sitzend, mitten unter Eingeborenen im brasilianischen Urwald; wieder fülliger geworden nach ein paar Wochen der Ruhe, oder auf einem Foto im *Gráfico*. [...] Er bewahrte die Briefe seiner Freunde auf und ließ keinen je unbeantwortet.

Bei seiner Rückkehr von der vorletzten Reise als junger Mann schilderte Ernesto die zwanzig Tage, die er in Miami verbracht hatte, als die schwierigsten und bittersten seines Lebens. Und das nicht nur wegen der finanziellen Situation, in der er zu leben gezwungen gewesen war! (Ich spare mir die Einzelheiten, die in allen seinen Biographien ausgebreitet werden.)

Während der Vorbereitungen zu seiner letzten Reise als junger Mann kam Ernesto zu mir, um mir etwas zu erzählen. Lachend und auch etwas verärgert berichtete er, dass der venezolanische Konsul ihm kein Visum geben wollte (bei seinem letzten Aufenthalt dort hatte Ernesto wohl eine »schlechte Erinnerung« bei den Gouverneuren hinterlassen), weil er einen seiner Asthmaanfälle mit einem bedrohlichen Fall von Cholera verwechselt hatte. Bis zum Tag unseres endgültigen Abschieds auf einer Party, die Ernesto für seine engsten Freunde gab, bemerkte ich davon lediglich, dass er außergewöhnlich streng mit sich war. Er rauchte nicht, trank weder Alkohol noch Kaffee und hielt eine strenge Diät ein: Sein Asthma zwang ihn zu einem Lebenswandel, an dem er mit eiserner Disziplin festhielt.

Jeder Brief von Ernesto war eine Seite Literatur, voller Liebe, Witz und Ironie. Er erzählte von seinen Erfolgen und Misserfolgen mit viel Humor, der auch den schwierigsten Momenten den Ernst nahm. In jedem Land versuchte Ernesto in das Ortstypische und Authentische einzutauchen, seine Interessen führten ihn von den Ruinen der Inkakultur über Leprastationen zu Wolfram- und Kupferminen. Schnell machte er sich mit dem Alltag der Bevölkerung vertraut und fand seinen Platz im sozialen und politischen Leben. Die Geschichten, die er erzählte, waren unterhaltsam, sein Stil war einfach und klar, aber elegant. Er zeichnete Menschen und Dinge realistisch und objektiv, ohne jeden Euphemismus. Wenn Ernesto von seinem Privatleben sprach, ob nun glücklich oder traurig, blieb er immer bescheiden, und er bat seine Zuhörer um absolute Verschwiegenheit.

Ich glaube, Ernestos Liebe zum Leben war auch in den schlimmsten Momenten groß genug, um seinen Optimismus nicht zu verlieren: »Wenn es schlecht läuft, tröstet es mich zu denken, dass es noch schlimmer kommen könnte, auf jeden Fall aber kann es nur noch besser werden.«

Im August 1958, als ich dabei war, Argentinien zu verlassen, rief mich ein mir unbekannter junger Journalist an, um sich mit mir in einem Café zu verabreden. Es war Masetti. Er hatte sich gerade zwei Monate lang in der

Sierra Maestra aufgehalten und brachte einen Brief für Ernestos Mutter und einen für mich mit, dazu die dringende Bitte, die Briefe so schnell wie möglich zu beantworten. Ich erinnere mich noch an Ernestos Decknamen, Teté Calvache, und an die Deckadressen in Havanna. Seine Art war durch den Befreiungskampf keineswegs weniger liebevoll geworden, eher noch zärtlicher, und er dachte voller Heimweh an sein Land, an seine Mutter und seine Freunde. Masetti erzählte viel über die Sierra Maestra, über alles und jeden: Fidel, Raúl, die Lager. [...] Aber nichts und niemand hatte für ihn den Rang von Ernesto, niemand besaß seine Menschlichkeit, seinen Mut, seine vielfältigen Fähigkeiten. War irgendetwas zu organisieren, eine Registrierung durchzuführen, eine Schule aufzubauen, Brot zu backen, Waffen zu reparieren oder auch herzustellen – immer war es Ernesto, der die Aufgabe übernahm. Und wenn es ums Kämpfen ging, war er stets der Erste.

Sein legendärer Mut war bereits in aller Munde, und die jungen Guatemalteken, die ihn von früher her kannten und nach dem Sturz von Präsident Arbenz in Argentinien Asyl gefunden hatten, erzählten alle möglichen Geschichten über ihn.

Am 2. Januar in Florenz hörte ich zum ersten Mal von dem Sieg [der kubanischen Revolution]. Und von diesem Datum an, jenem 2. Januar 1959, hörte Ernesto auf, ein Privatleben zu führen; nun war er Teil der Geschichte. Dem kann ich nichts mehr hinzufügen.

Ich habe das seltene Privileg, ihn durch und durch gekannt zu haben. Ich genoss sein Vertrauen, und mich verband eine großartige Freundschaft mit ihm, die weder Nachlässigkeit noch Zurück-

haltung kannte. Ich traf ihn, als er noch sehr jung war, als er einfach nur Ernesto war. Aber der zukünftige Ernesto Che Guevara war bereits damals in ihm. In den Jahren seiner Jugend sah ich ihn stets seinen persönlichen Weg gehen, immer voranschreitend, nie innehaltend und auf der Stelle tretend. Diejenigen, die ihn gut kannten, wussten, »dass er nicht stehen blieb, bevor er das Äußerste erreicht hatte«, dass er seinem Schicksal entgegenging, einem Schicksal, das nie das eines normalen Lebens war. Ich wusste nicht, wie oder wann, aber ich war mir immer sicher, dass er nach einer langen Reise dieses Ziel erreichen würde. Immer gab es eine Überraschung: ein Brief, ein Anruf, ein Artikel in der Zeitung; aber nie etwas wirklich Unfassbares.

Heute, mehr als ein Jahr nach seinem Tod, ist es noch immer sehr schwer für mich, die zahllosen Erinnerungen und Bilder zu ordnen, die mir im Gedächtnis geblieben sind, durchdrungen von Liebe, vermischt mit Kummer und Bewunderung.

Es ist schwer, sich so nah und doch so fern von dieser überragenden Persönlichkeit zu fühlen, diesem Halbgott, der an griechische Mythen und mittelalterliche Heldensagen erinnert.

Es ist schwer, so viel Erhabenheit mit seinen menschlichen Qualitäten, mit seiner Empfindsamkeit und seiner scheuen Freundlichkeit in Einklang zu bringen.

Zu warmherzig, um ihn in Stein zu hauen.

Zu bedeutend, um sich ihn als einen von uns vorzustellen.

Ernesto Guevara, so argentinisch wie nur irgend möglich, war vielleicht der authentischste aller Weltbürger.

El Patojo

Vor einigen Tagen kam die Nachricht vom Tod einiger guatemaltekischer Patrioten, unter ihnen Julio Roberto Cáceres Valle.

In dem schwierigen Geschäft eines Revolutionärs, inmitten von Klassenkämpfen, die den gesamten Kontinent erschüttern, ist der Tod ein häufiges Ereignis. Aber der Tod eines Freundes, eines Kameraden in schwierigen Stunden, der die Träume von einer besseren Zeit mit dir teilte, ist immer besonders schmerzlich für jemanden, der diese Nachricht erhält. Und Julio Roberto war ein sehr guter Freund. Er war von kleiner und zarter Statur, deshalb nannten wir ihn »El Patojo«, was in der guatemaltekischen Umgangssprache so viel wie »Knirps« heißt.

El Patojo hat die Geburt der kubanischen Revolution in Mexiko miterlebt und sich uns spontan angeschlossen. Fidel wollte jedoch in dem nationalen Befreiungskampf, an dem teilzunehmen ich die Ehre hatte, keine weiteren Ausländer dabeihaben.

Wenige Tage nach dem Sieg der Revolution verkaufte El Patojo all seine Habe und tauchte mit einem kleinen Koffer in Kuba auf. Er arbeitete in verschiedenen Bereichen der staatlichen Verwaltung, und er stand als Erster an der Spitze der Abteilung für Industrialisierung und Agrarreform, der INRA. Doch El Patojo war damit nicht zufrieden, er wollte etwas anderes: die Befreiung seines eigenen Landes. Die Revolution hatte ihn von Grund auf verändert, wie sie es mit uns allen getan hatte. Der verstörte junge Mann, der Guatemala verlassen hatte, ohne die Katastrophe dort richtig zu verstehen, war nun der Revolutionär

geworden, der genau wusste, was er wollte.

Zum ersten Mal trafen wir uns im Zug, ein paar Monate nach Arbenz' Sturz [1954]. Wir flüchteten aus Guatemala, fuhren nach Tapachula, von wo aus wir nach Mexiko City weiterreisen wollten. El Patojo war einige Jahre jünger als ich, doch es entstand sogleich eine Freundschaft, die andauern sollte. Zusammen fuhren wir von Chiapas nach Mexiko City, wo wir uns denselben Problemen gegenübersahen – wir waren beide am Boden, hatten kein Geld und sahen uns gezwungen, unseren Lebensunterhalt in einer gleichgültigen, wenn nicht feindlichen Umgebung zu verdienen. El Patojo war völlig abgebrannt, und ich hatte nur ein paar Pesos. Davon kaufte ich eine Kamera, und zusammen begannen wir illegal zu arbeiten: Wir machten Fotos von den Leuten im Stadtpark. Unser Partner war ein Mexikaner mit einer kleinen Dunkelkammer, in der wir die Filme entwickelten. Wir lernten ganz Mexiko City kennen, durchwanderten die Stadt von einem Ende zum anderen und versuchten die scheußlichen Fotos, die wir gemacht hatten, an den Mann zu bringen. Wir schlugen uns mit allen möglichen Kunden herum, versuchten sie davon zu überzeugen, dass der kleine Junge auf dem Foto wirklich ganz niedlich aussehe und es ein ausgesprochenes Schnäppchen sei, nur einen mexikanischen Peso für so etwas Wunderbares zahlen zu müssen. Auf diese Weise hatten wir einige Monate etwas zu essen. Doch durch die Ereignisse der Revolution trennten sich dann nach und nach unsere Wege. Wie ich schon sagte, wollte Fidel ihn nicht nach Kuba mitnehmen, nicht weil

El Patojo unzuverlässig gewesen wäre, sondern um zu vermeiden, dass sich unsere Armee in ein Mosaik aus verschiedenen Nationalitäten verwandelte.

El Patojo war als Journalist tätig, hatte an der Universität von Mexiko Physik studiert, hatte sein Studium unterbrochen und dann wieder aufgenommen, ohne jemals sehr weit zu kommen. Er verdiente seinen Lebensunterhalt an verschiedenen Orten, in verschiedenen Berufen, und er bat nie um etwas. Ich weiß bis heute nicht, ob jener sensible, ernste Junge einfach zu schüchtern war oder zu stolz, um seine Schwächen und persönlichen Probleme zu akzeptieren und einen Freund um Hilfe anzugehen. El Patojo war ein introvertierter Mensch, hochintelligent, sehr gebildet, empfindsam, eine ausgereifte Persönlichkeit, bereit, seine großartigen Fähigkeiten in den Dienst des Volkes zu stellen. Er gehörte der Guatemaltekischen Arbeiterpartei an und unterwarf sich dort einer strengen Disziplin – er entwickelte sich zu einem ausgezeichneten revolutionären Kader. Von seiner früheren Überempfindlichkeit war inzwischen nicht mehr viel übrig geblieben. Die Revolution reinigt den Menschen, verbessert und entwickelt ihn, ganz so wie der erfahrene Bauer die Mängel des Getreides korrigiert und die guten Anlagen verstärkt. Als er in Kuba war, wohnten wir fast immer in demselben Haus, das wie geschaffen war für zwei alte Freunde. Doch in diesem neuen Leben ging unsere Vertrautheit verloren, und ich erahnte El Patojos Absichten erst, als ich ihn eifrig eine der Indianersprachen seines Landes lernen

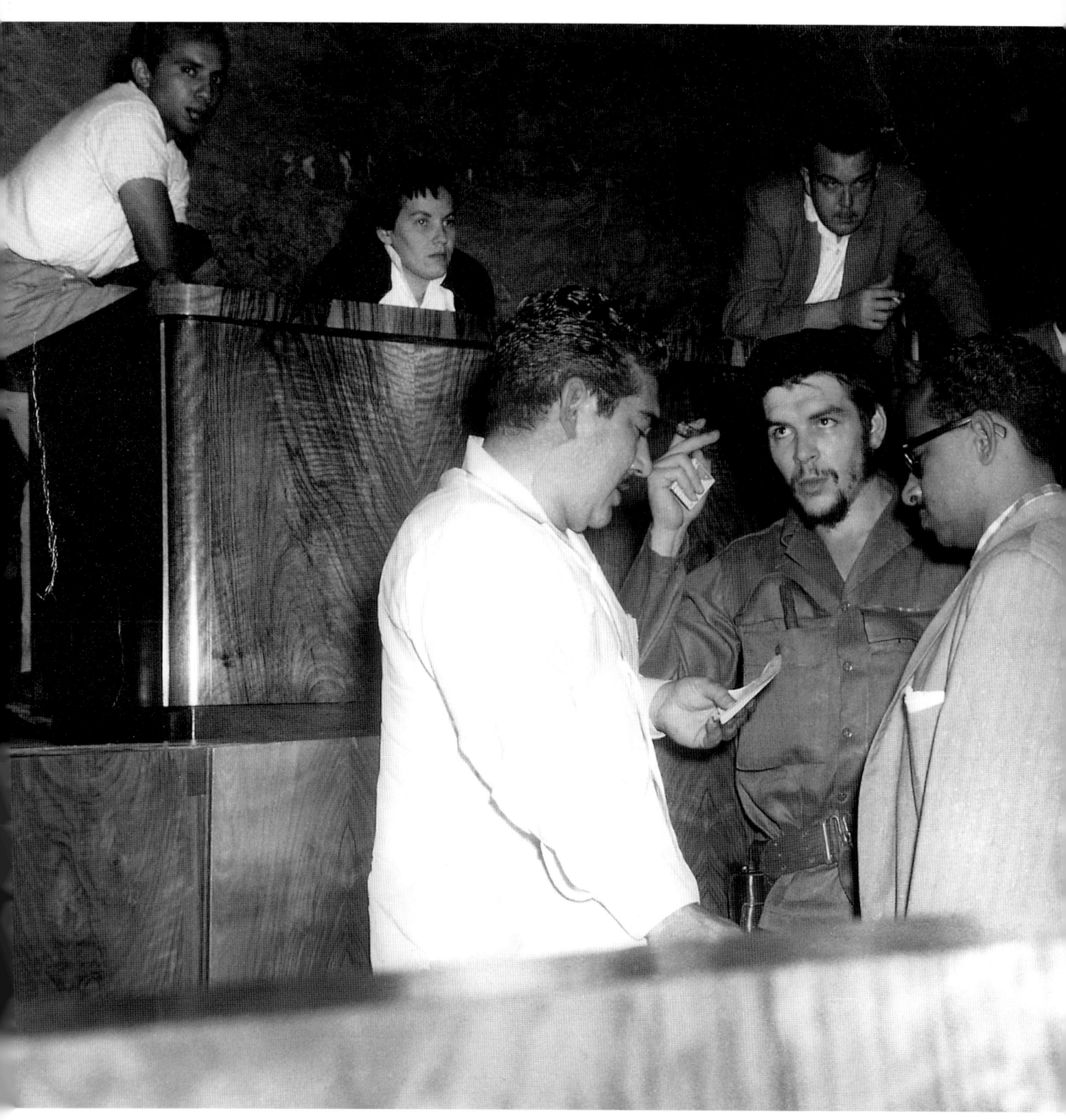

El Patojo (oben links auf dem Podium, neben Aleida March)

sah. Und dann erzählte er mir eines Tages, dass er fortgehen wolle, dass für ihn die Zeit gekommen sei, seine Pflicht zu tun.

El Patojo hatte keine militärische Ausbildung. Er spürte nur, dass die Pflicht ihn rief. Er ging in sein Land zurück, um mit der Waffe in der Hand zu kämpfen, unseren Befreiungskampf irgendwie zu wiederholen. Wir führten dann eines unserer wenigen langen Gespräche. Ich beschränkte mich darauf, ihm drei Dinge besonders ans Herz zu legen: ständige Bewegung, ständige Vorsicht und ewige Wachsamkeit. Bewegung: nie sich irgendwo fest niederlassen, nie zwei Nächte im selben Haus schlafen, nie aufhören, den Ort zu wechseln. Vorsicht: gleich von Beginn an allen und allem misstrauen – selbst seinem eigenen Schatten –, freundlichen Passanten, Informanten, Führern, Kontakten, allem, bis ein Gebiet wirklich befreit ist. Wachsamkeit: ständiger Wachdienst, ständige Späh-trupps, Aufschlagen eines Lagers immer an einem sicheren Ort und, vor allem, nie unter einem Dach schlafen, nie in einem Haus, das umzingelt werden kann. Das war die Quintessenz unserer Guerilla-Erfahrungen. Das war das Einzige, zusammen mit einem warmen Händedruck, was ich meinem Freund mit auf den Weg geben konnte. Konnte ich ihm raten, es nicht zu tun? Was war richtig? Wir hatten etwas zu einer Zeit gewagt, als es für unmöglich gehalten wurde, und nun sahen wir, dass es Erfolg gehabt hatte.

El Patojo ging fort, und nach kurzer Zeit kam die Nachricht von seinem Tod. Zuerst hofften wir, dass es sich um irgendein Versehen handelte, um eine Namensverwechslung etwa; aber leider war seine Leiche von seiner eigenen Mutter identifiziert worden, und es konnte keinen Zweifel daran geben, dass er tot war. Und nicht nur er, sondern auch einige seiner Genossen – alle so tapfer, so selbstlos und vielleicht auch so intelligent wie er –, die wir persönlich aber nicht kannten.

Wieder einmal bleibt der bittere Geschmack der Niederlage und die unbeantwortete Frage: Warum hat er aus den Erfahrungen anderer nicht gelernt? Warum haben jene Männer die einfachen Ratschläge, die wir ihnen gegeben hatten, nicht sorgfältiger beherzigt? Es wird dringend nötig sein zu untersuchen, wie es dazu kommen konnte, unter welchen Umständen El Patojo gestorben ist. Noch wissen wir nicht genau, was passiert ist, aber wir wissen bereits jetzt, dass die Region schlecht ausgewählt wurde, dass die Männer physisch nicht vorbereitet, nicht vorsichtig und natürlich auch nicht wachsam genug waren. Die Unter-drückungsarmee überraschte sie, tötete einige von ihnen, verfolgte die, die flüchten konnten, und tötete sie möglicherweise ebenfalls. Einige wurden gefangen genommen, andere, wie zum Beispiel El Patojo, fielen im Kampf. Diejenigen, die fliehen konnten, wurden niedergemetzelt, so wie es mit uns nach Alegría de Pío geschehen war.

Wieder einmal wurde der Boden Amerikas mit jungem Blut gedüngt, um Freiheit zu ermöglichen. Eine weitere Schlacht ging verloren. Wir haben die Aufgabe, unsere gefallenen Genossen zu beweinen und gleichzeitig unsere Macheten zu schärfen. Aus der wert-vollen und tragischen Erfahrung der geliebten Toten müssen wir lernen und uns fest vornehmen, ihre Fehler nicht zu wiederholen, den Tod jedes Einzelnen durch viele Siege zu rächen und die endgültige Befreiung zu erreichen.

Als El Patojo aus Kuba fortging, ließ er nichts zurück, auch nicht irgendwelche Botschaften. Er besaß nur wenig Kleidung oder persönliche Dinge. Alte gemeinsame Freunde aus Mexiko brachten mir jedoch Gedichte, die er in ein Notizbuch geschrieben hatte. Es sind die letzten Verse eines Revolutio-närs, ein Liebeslied an die Revolution, an die Heimat und an eine Frau. An jene Frau, die El Patojo in Kuba gekannt und geliebt hat, sind die letzten Verse gerichtet:

**Nimm dies, es ist nur mein Herz,
Halte es in deiner Hand,
Und wenn der Morgen anbricht,
Öffne deine Hand,
damit die Sonne es wärme.**

El Patojos Herz ist mitten unter uns, in den Händen seiner Geliebten und in den liebenden Händen eines ganzen Volkes; es wartet darauf, gewärmt zu werden unter der Sonne eines neuen Tages, der ganz sicher anbrechen wird, für Guatemala und für ganz Lateinamerika. Heute befindet sich im Industrieministerium, wo er viele Freunde hatte, eine kleine Schule für Statistik, die zum Gedenken an ihn den Namen »Julio Roberto Cáceres Valle« trägt. Später, wenn Guatemala frei ist, wird sein geliebter Name sicher-lich einer Schule verliehen werden, einer Fabrik, einem Hospital, irgendeinem Ort, an dem die Menschen arbeiten und kämpfen, um eine neue Gesellschaft aufzubauen.

Während Che in den verschiedensten Funktionen arbeitete, die er nach dem Sieg der kubanischen Revolution im Jahre 1959 innehatte, widmete er seine Zeit der Beantwortung der zahlreichen Briefe, die er bekam. Wir haben hier eine kleine Sammlung von Briefen zusammengestellt, die die Bedeutung ethischer Grundsätze für Che herausstellt sowie seinen Einsatz für historische Wahrheit und seine Beziehung zur kubanischen Presse widerspiegelt. Zwei der Briefe, die Che an Zeitungen schickte, sind hier abgedruckt; Bei einem der beiden äußerte er die Hoffnung, dass der Brief als »meine Art, Dampf abzulassen« veröffentlicht würde.

Wenn man Ches Brieftexte publiziert, muss man an die kristallklare Definition erinnern, die Pablo de la Torriente Brau aus seinem New Yorker Exil 1936 an die Waffengefährten und die Gefährten seiner Träume sandte: »Meine Briefe sind die offizielle Aufzeichnung meiner Gedanken. Ich fürchte mich nicht davor, das aufzuschreiben, was ich denke, weder jetzt noch in der Zukunft; denn meine Gedanken sind nicht zweischneidig und nicht zweideutig. Sie haben eine scharfe und unmissverständliche Klinge und drücken die innere, feste Überzeugung aus, die hinter meinen Taten steht.«

Diese ethische Haltung schwingt auch in dem Brief mit, den Che an die Vereinigung kubanischer Schriftsteller und Künstler (UNEAC) schrieb und in dem er ihre schmeichelhafte, aber unrichtige Beschreibung seiner sozialen Herkunft, so wie sie in den biographischen Notizen zu *Etappen des revolutionären Kampfes* geschildert wird, zurückwies.

Der lange, handgeschriebene Brief, den er an Armando Hart richtete (zu der Zeit Sekretär der Kommunistischen Partei, verantwortlich für die ideologische Orientierung), beinhaltet »ein paar kleine Vorschläge für die Erziehung unserer Avantgarde und unseres Volkes im Allgemeinen«. Bevor Che ein Programm für politische Erziehung vorschlug, das Intelligenz und Kreativität entwickeln sollte, beschreibt er die Probleme, denen er auf diesem Gebiet begegnet war:

»Während meiner langen Orientierungsphase habe ich meine Nase in die Philosophie gesteckt, etwas, das ich eine Zeit lang studieren wollte. Hier begegnete mir das erste Problem: Nichts davon ist in Kuba veröffentlicht worden, sehen wir einmal von den sowjetischen Wälzern ab, die den Nachteil haben, dass sie dich nicht selbst denken lassen, weil die Partei schon alles für dich vorgedacht hat und du es nur noch zu verdauen brauchst. Methodisch gesehen ist das so antimarxistisch, wie es nur sein kann, und darüber hinaus sind die Bücher sehr schlecht geschrieben.«

Der Brief an Haydée Santamaría (»Liebe Yeyé«) ist eine weitere Hommage an die Freundschaften, die er während des revolutionären Kampfes geknüpft hat. Poesie und Zärtlichkeit fehlen auch dort nicht, wie man an dem Bild sehen kann, das Che heraufbeschwört: Obwohl Haydée für ihn eine »gebildete Frau mit kreativer Kraft« geworden sei, gefalle sie ihm am besten, »wenn sie Feuerwerke abbrenne und Raketen abfeuere wie an jenem Tag Anfang des Neuen Jahres.«

Seine Briefe enthüllen uns trotz der unterschiedlichen Adressaten und Stilformen eines: Das Schreiben von Briefen war für Che in allen Stadien seines Lebens ein wichtiges Ausdrucksmittel. Dabei kann man verfolgen, wie sich sein Talent zum Schreiben von Briefen durch Länder, Lebensabschnitte und Situationen hindurch entwickelt hat.

Oft spürt man die Wärme von Bewunderung und Freundschaft. Die Art, wie sie geschrieben wurden, ihr Inhalt und ihr Geist, bieten zudem einen Einblick in den unbürokratischen Stil. Sein Brief an den kubanischen Außenminister Raúl Roa wurde von der kubanischen Botschaft in einer französischen Kolonie in Afrika abgeschickt, und Che tippte ihn auf irgendeiner fremden Schreibmaschine, wie das Faksimile zeigt.

Raúl Roas Antwort an Che ist ebenfalls in diesem Buch enthalten, ein Beleg für ihren Sinn für Humor bezüglich ihrer theoretisch vielleicht unterschiedlichen, aber in den Resultaten übereinstimmenden ästhetischen Standpunkten. Dieser Brief bezieht sich auf die neue Situation von Che als Buchautor nach der Veröffentlichung von *Der Guerilla-Krieg*. Roa schlägt vor, seine »guten Beziehungen zu Mao spielen [zu] lassen, damit 600 Millionen Exemplare in der Sprache von Laotse veröffentlicht werden können«.

Briefe aus der Ferne und aus der Nähe. Briefe der Erinnerung, die, wie damals, noch heute und morgen gelesen werden.

—VC

99 Briefe aus der Nähe

An Pablo Díaz González

Havanna, 28. Oktober 1963
»Jahr der Organisation«

An den Genossen Pablo Díaz González, Verwaltung
Majagua, Postfach 9
Camagüey

Pablo,

ich habe deinen Artikel gelesen. Ich danke dir dafür, dass du mich so vorteilhaft dargestellt hast – zu vorteilhaft, glaube ich. Es scheint, dass du auch dich selbst ziemlich gut porträtiert hast.

Das Erste, was ein Revolutionär beachten muss, wenn er über Geschichte schreibt, ist die Wahrheit; er muss ihr verhaftet bleiben wie ein Finger einem Handschuh. Vielleicht hast du das ja auch getan, aber du musst einen Boxhandschuh verwendet haben, und das zählt nicht.

Mein Rat: Lies deinen Artikel noch einmal, nimm alles raus, von dem du weißt, dass es nicht wahr ist, und sei vorsichtig bei allem, von dem du nicht sicher weißt, dass es wahr ist.

Mit revolutionärem Gruß,

»Patria o Muerte! Venceremos!«
Ernesto Che Guevara, *Comandante*

An Valentina González Bravo

Frau Valentina González Bravo
Narciso López N° 35
Morón, Camagüey

Liebe Frau González,

in Ihrem Brief bitten Sie mich, Ihnen umfassende und offiziell bestätigte Informationen über die Ereignisse des »26. Juli« zukommen zu lassen.

Ich bewundere Ihr Interesse und beglückwünsche Sie zu Ihren Bemühungen und den Zielen, die Sie dazu veranlassen.

Ich glaube, dass es nicht möglich ist, umfassende und offizielle Informationen über jene Ereignisse zu erhalten, da es keine offizielle Version des 26. Juli gibt. Ich glaube, dass das Schreiben eine Möglichkeit ist, konkrete Probleme in den Blick zu nehmen, und eine Haltung, die man auf Grund seines Empfindungsvermögens gegenüber dem Leben einnimmt.

Fahren Sie in Ihrer Arbeit fort, dann werden Ihre Bemühungen von Erfolg gekrönt werden.

Mit herzlichem Gruß

Dr. Ernesto Che Guevara,
Comandante
Militärbezirk La Cabaña

An Carlos Franqui

An den Genossen Carlos Franqui

Chefredakteur der *REVOLUCIÓN*

Havanna

Genosse Franqui,

die Fotos, die ich neulich in der Zeitung gesehen habe, haben mir nicht gefallen. Erlaube mir, dir das in aller Offenheit zu sagen und dir auch zu erklären, warum. Ich hoffe, dass diese Zeilen veröffentlicht werden, als meine Art, »Dampf abzulassen«.

Abgesehen von Kleinigkeiten, die nicht gerade für die Seriosität der Zeitung sprechen (wie zum Beispiel die Fotos von den Soldaten, die auf einen imaginären Feind zielen, dabei aber in die Kamera blicken), gibt es da eine Vielzahl fundamentaler Fehler:

1) Der Tagebuchauszug ist nur zum Teil authentisch. Es war nämlich so: Ich wurde gefragt, ob ich ein Tagebuch von der Invasion geführt hätte. Ich hatte, aber lediglich in Form von persönlichen Notizen, und danach hatte ich nicht die Zeit, sie auszuarbeiten. Das wurde dann (ich erinnere mich nicht mehr, unter welchen Umständen) von einem Herrn aus Santa Clara übernommen, der sich als »übereifrig« erwies und die Tatsachen mit Hilfe von Adjektiven aufzublähen versuchte.

Der bescheidene Wert, den diese wenigen Notizen haben mögen, wird zerstört, wenn sie ihre Authentizität verlieren.

2) Es stimmt nicht, dass der Krieg für mich nur von zweitrangiger Bedeutung war und meine Hauptsorge vor allem den Bauern galt. Zu der Zeit gab es nur ein Ziel für mich: den Krieg zu gewinnen, und ich glaube, ich habe für dieses Ziel alles gegeben, was ich hatte.

Nachdem wir in die Berge von Escambray gegangen waren, gab ich den Truppen zwei Tage, um sich auszuruhen, denn sie hatten einen 45-Tage-Marsch unter extrem schweren Bedingungen hinter sich; dann setzte ich unsere Operation fort, und wir nahmen Güinía de Miranda ein. Wenn ich in irgendeiner Weise gefehlt habe, dann genau im gegenteiligen Sinn: Möglicherweise habe ich der schwierigen Aufgabe zu wenig Bedeutung beigemessen, mit den Bauern richtig umzugehen, den »Viehtreibern«, die in diesem verfluchten Gebirge die Waffe in die Hand genommen hatten. Gutiérrez Menoyo und seine Bande ärgerte mich ohne Ende, aber das musste ich schlucken, wollte ich meine wichtigste Mission erfüllen: den Krieg.

3) Es stimmt nicht, dass Ramiro Valdés ein »enger Mitarbeiter von Che in Organisationsfragen« war, und ich verstehe nicht, wie du als Chefredakteur das hast durchgehen lassen können, zumal du ihn so gut kennst. Ramirito war bei dem Sturm auf die Moncada-Kaserne dabei, war Gefangener auf der Isla de los Pinos, kam auf der ‚Granma' als Leutnant zurück, stieg zum Rang eines Hauptmanns auf, als ich Comandante wurde, führte eine Kolonne an, war die Nummer zwei bei der Invasion und leitete dann verschiedene Operationen im Osten Kubas, während ich nach Santa Clara ging.

Ich bin der Meinung, dass die historische Wahrheit respektiert werden muss; willkürliche Erfindungen können zu nichts Gutem führen. Deshalb – und weil ich in diesem Teil des Dramas eine Rolle gespielt habe – schreibe ich diese kritischen Sätze, in der Hoffnung, dass meine Kritik konstruktiv ist. Ich glaube, wenn du den Text Korrektur gelesen hättest, hätten die Fehler vermieden werden können.

Ich wünsche dir ein fröhliches Osterfest und ein Jahr ohne zu viele schockierende Schlagzeilen (wegen dem, was sie bringen),

Che

An Juan Ángel Cardi

Havanna, 11. November 1963
»Jahr der Organisation«

Genosse **Juan Ángel Cardi,**
Calle 17, N° 54, Apto. 22
Vedado, Havanna

Genosse,

ich bestätige den Erhalt Ihres Schreibens vom 3. Oktober d. J., dem Sie Teile von neun Ihrer unveröffentlichten Romane beigefügt haben.

Ich habe keine Einwände dagegen, dass Sie Stellen aus dem Las-Villas-Tagebuch verwenden, die Sie für geeignet halten. Denken Sie jedoch daran, dass das Tagebuch für die Veröffentlichung durch die blumige Sprache eines Hornochsen ausgeschmückt wurde.

Ich habe das Kapitel aus *Pléiade* gelesen und kam mir dabei vor wie jemand, der eine Fotografie von einem vertrauten Ort betrachtet und ihn nicht wieder erkennt. Man hat den Eindruck, dass Sie nie in der Sierra gewesen sind und nicht einmal mit Leuten gesprochen haben, die damals dort waren. Wenn Sie erlauben, möchte ich Ihnen in aller Brüderlichkeit sagen, dass Sie die Größe jener Zeit in all ihrer tiefen Bedeutung nicht erfasst haben.

Was ich Ihnen hier schreibe, ist mein Eindruck, keine literarische Kritik; ich schreibe das als jemand, der auf einem alten Foto – einem Erinnerungsfoto einer Gruppe von Freunden zum Beispiel – nach Ähnlichkeiten sucht, aber feststellt, dass irgendein technischer Fehler, oder die Zeit selbst, die Personen auf dem Foto unkenntlich gemacht hat.

Wenn diese Anmerkungen für Sie von irgendeinem Nutzen sind, soll es mich freuen, wenn nicht, seien Sie nicht beleidigt wegen meiner Offenheit. Ich weiß nicht, wie alt Sie sind, weiß auch nichts von Ihrer Berufung zum Schriftsteller. Die einzige Leidenschaft, die mich auf das Feld geführt hat, das Sie beackern, ist die, der Wahrheit zu dienen und sie zu verbreiten (und halten Sie mich bitte nicht für einen strikten Verteidiger des sozialistischen Realismus). Aus diesem Blickwinkel betrachte ich alles, was ich sehe.

Ich grüße Sie und wünsche Ihnen viel Erfolg auf Ihrer literarischen Odyssee.

Ernesto Guevara, *Comandante*

An **Bernabé** Ordaz

26. Mai 1964
»Jahr der Wirtschaft«

Dr. Eduardo B. Ordaz Ducungé

Leiter der Psychiatrischen Klinik

Havanna

Lieber Ordaz,

vielen Dank für die Zeitschrift. Leider habe ich nicht viel Zeit, aber das Material scheint mir sehr interessant zu sein, und ich werde versuchen, einen Blick hineinzuwerfen.

Ich habe da noch eine Frage: Wie kann es sein, dass 6.000 Exemplare einer Fachzeitschrift gedruckt werden, wo es nicht einmal so viele Doktoren in Kuba gibt?

Das ist eine Frage, die mich an den Rand einer neuro-ökonomischen Psychose bringt. Benutzen die Ratten die Zeitschrift, um ihre Kenntnisse in Psychiatrie zu verbessern oder ihren Hunger zu stillen? Oder hat vielleicht jeder Patient ein Exemplar neben dem Bett liegen?

Jedenfalls gibt es rund 3.000 Exemplare zu viel, und ich bitte Sie dringend, darüber nachzudenken.

Wirklich, die Zeitschrift ist gut, aber die Auflagenhöhe ist untragbar. Glauben Sie mir, denn Verrückte sagen immer die Wahrheit.

Mit revolutionärem Gruß,
»Patria o Muerte! Venceremos!«
Ernesto Che Guevara, *Comandante*

An Miguel A. Quevedo, Herausgeber der Zeitschrift Bohemia

Havanna, 23. Mai 1959

Dr. Miguel Ángel Quevedo,
Herausgeber von *Bohemia*
Havanna

Sehr geehrter Herr,

in der Hoffnung, dass Ihr traditioneller, demokratischer Geist die Normen der Pressefreiheit respektiert, schicke ich Ihnen diese Zeilen als Antwort auf den elenden internationalen Gauner, der den glanzvollen Titel des Redakteurs der lateinamerikanischen Seite des Magazins Bohemia trägt.

Es ist nicht meine Absicht, mich gegen die falschen Behauptungen und die bösartige Anspielung auf meine argentinische Staatsbürgerschaft zu wehren. Ich bin Argentinier und werde mein Herkunftsland niemals verleugnen (wenn Sie mir meinen kühnen Vergleich verzeihen mögen: Auch Máximo Gómez verleugnete seine dominikanische Heimat nicht), aber ich fühle mich als Kubaner, unabhängig davon, ob es mir vom Gesetz bescheinigt wird oder nicht; als Kubaner habe ich die Opfer des kubanischen Volkes während des bewaffneten Kampfes geteilt, und heute teile ich seine Hoffnung, die Früchte dieser Opfer ernten zu können. Auch bin ich kein Kommunist (wenn ich einer wäre, würde ich es in alle vier Himmelsrichtungen hinausposaunen, so wie ich mich als Kämpfer für die Sache des Volkes bekenne und meiner Hoffnung Ausdruck gebe, dass die Waffen der unterdrückten Völker alle seine heuchlerischen Diktatoren von der lateinamerikanischen Bühne hinwegfegen werden). Tatsache ist, dass die Herren von Jules Dubois – United Fruit und andere Früchte, Bergwerke, Viehfarmen, Telefon- und Energiegesellschaften, Ausbeuter des Volkes – ihm erneut Anweisung gegeben haben, das übliche Banner der Lügen zu entrollen.

Mögen weder Sklaven noch Herren sich täuschen, Fidel Castros Worte sind unabänderlich: »Wenn man uns angreift, werden wir auch die Katzen bewaffnen.« Es ist einleuchtend, Herr Dubois, dass den Katzen, die bewaffnet werden, auch beigebracht werden muss, diese Waffen zu gebrauchen. Und glauben Sie nicht, dass Sie oder die anderen Lakaien, die in dieses Land gekommen sind, eine Herde ängstlicher Schafe vorfinden werden. Was Sie vorfinden werden, ist ein vor Empörung zitterndes, vereintes Volk, das bereit ist, den bewaffneten Kampf bis zur letzten Patrone zu führen, wie unser Premierminister es bei seinem letzten Auftritt vor der Presse erklärt hat.

Die Soldaten der Revolution stehen, ungeachtet der verschiedenen Taktiken, die zu verschiedenen Zeiten angewendet worden sein mögen, fest zusammen, und weder Drohungen noch Verleumdungen werden es schaffen, sie zu entzweien und von ihrem Kampf für die großen Ziele des kubanischen Volkes abzubringen: Agrarreform, Zolltarifreform, Steuerreform, Umsetzung dessen, was mit Industrialisierung des Landes umschrieben wird, sowie Nutzung all dieser Verbesserungen für den Lebensstandard des Volkes, die nationale Befreiung und die internationale Würde.

Seien Sie meiner Hochachtung versichert, Herr Quevedo, auch wenn ich Sie nicht zu dem Wolf im Schafspelz beglückwünschen kann, dem Sie gestattet haben, auf den Seiten Ihres Magazins zu veröffentlichen.

Ernesto Guevara
Comandante der Revolutionsarmee

An Armando Hart

12/4/65

Mein lieber Sekretär,

Glückwunsch, dass man dir die Möglichkeit gibt, Gott zu spielen: Sechs Tage bleiben dir dafür. Bevor du dich hinsetzt und ausruhst (wenn du nicht den weisen Weg des Gottes wählst, der vor dir da war und früher ausruhte), möchte ich dir ein paar kleine Vorschläge machen für die Erziehung unserer Avantgarde und unseres Volkes im Allgemeinen.

Während meiner langen Orientierungsphase habe ich meine Nase in die Philosophie gesteckt, etwas, das ich eine Zeit lang studieren wollte. Hier begegnete mir das erste Problem: Nichts davon ist in Kuba veröffentlicht worden, sehen wir einmal von den sowjetischen Wälzern ab, die den Nachteil haben, dass sie dich nicht selbst denken lassen, weil die Partei bereits alles für dich vorgedacht hat und du es lediglich zu verdauen brauchst. Methodisch gesehen ist das so anti-marxistisch, wie es nur sein kann, und darüber hinaus sind die Bücher sehr schlecht geschrieben. Zweitens und nicht weniger wichtig war meine Unkenntnis der philosophischen Terminologie (Ich habe mich mit Meister Hegel herumgeschlagen und bin in der ersten Runde zweimal zu Boden gegangen). Also habe ich einen Arbeitsplan für mich aufgestellt, der noch einmal überarbeitet und verbessert werden müsste; er könnte jedoch die Basis für eine wirkliche Schule des Denkens darstellen. Wir haben eine Menge erreicht, aber irgendwann werden wir auch denken lernen müssen. Ich schlage erst einmal einen Plan für Lesekurse vor, der jedoch auch dazu dienen könnte, politische Fachbücher zu publizieren.

Wenn du dir die Veröffentlichungen der Editora Política anschaust, wirst du feststellen, wie verbreitet sowjetische und französische Schriftsteller sind. Der Grund dafür ist, dass man problemlos an Übersetzungen und auch an ideologisches Zeug herankommt. So kann man dem Volk keine marxistische Erziehung anbieten – höchstens die Methode ist marxistisch, was zwar notwendig ist (wenn es gut gemacht wird, was bisher noch nicht der Fall war), aber nicht ausreicht.

Mein Plan ist folgender:

I. Philosophische Klassiker

II. Große Dialektiker und Materialisten

III. Moderne Philosophen

IV. Klassiker der Ökonomie und ihre Vorläufer

V. Marx und marxistisches Denken

VI. Aufbau des Sozialismus

VII. Abweichende Denker und Kapitalisten

VIII. Polemiken

Die Bände sollen unabhängig voneinander sein, und das Programm könnte folgendermaßen gestaltet werden:

I. Wir beginnen mit den bekannten Klassikern, die bereits ins Spanische übersetzt wurden, und fügen eine umfassende Einführung eines Philosophen, wenn möglich eines Marxisten, und eine erläuternde Fachterminologie hinzu. Gleichzeitig sollen ein philosophisches Fachwörterbuch und eine Geschichte der Philosophie erscheinen. Das könnte die von Dennyk oder Hegel sein. Die Veröffentlichung der einzelnen Bände sollte einer ausgewählten Chronologie folgen, mit anderen Worten, wir beginnen mit einem oder zwei Bänden der größten Denker aus den verschiedenen Epochen bis hin zur Moderne, dann zurück in die Vergangenheit mit den weniger wichtigen Philosophen und schließlich die Bände mit den wichtigsten Vertretern etc.

II. Hier könnte man demselben Modell folgen, dazu eine Sammlung griechischer und römischer Klassiker (vor einiger Zeit habe ich eine in Argentinien veröffentlichte Studie gelesen, die auch Demokrit, Heraklit und Leucipos behandelte).

III. Hier könnten die wichtigsten modernen Philosophen veröffentlicht werden, begleitet von seriösen und ausführlichen Studien von Fachleuten (nicht notwendigerweise Kubanern) mit der entsprechenden Kritik an Standpunkten des Idealismus.

IV. Das wird im Moment gemacht, allerdings völlig unsystematisch und ohne die grundlegenden Werke von Marx. Hier wäre es unbedingt nötig, die vollständigen Werke von Marx und Engels, Lenin, Stalin und anderen großen Marxisten zu veröffentlichen. Zum Beispiel hat bisher niemand etwas von Rosa Luxemburg gelesen, deren Kritik an Marx (Band III) fehlerhaft sein mag; aber sie ist ermordet worden, und ihr kritischer Instinkt in Bezug auf den Imperialismus ist in vielerlei Hinsicht besser als der unsere. Weiterhin fehlen marxistische Denker, die später vom Weg abgekommen sind, wie zum Beispiel Kautsky und Hilferding, aber einige wichtige Beiträge geleistet haben, sowie viele zeitgenössische, nicht völlig orthodoxe Marxisten.

V. Aufbau des Sozialismus. Bücher, die spezifische Probleme behandeln, nicht nur aus der Gegenwart, sondern auch aus der Vergangenheit, mit einer gründlichen Analyse der Beiträge von Philosophen und insbesondere von Ökonomen und Statistikern.

VI. Hierzu zählen die großen Revisionisten (wenn du willst, auch Chruschtschow), exakt analysiert, und dazu, ausführlicher als irgendein anderer, dein Freund Trotzki, der allem Anschein nach tatsächlich gelebt und geschrieben hat. Auch die großen Theoretiker des Kapitalismus, wie zum Beispiel Marshall, Keynes, Schumpeter etc. Letztere sollten ebenfalls gründlich analysiert werden, mit Erklärungen des Warum.

VII. Wie die Überschrift vermuten lässt, ist dies die streitbarste Sektion, aber so hat sich das marxistische Denken entwickelt. Proudhon schrieb *Philosophie der Armut*, und wie man weiß, bezieht sich das auf [Marx'] *Armut der Philosophie*. Eine kritische Ausgabe könnte helfen, jene Epoche und Marx' eigene Entwicklung, die damals noch nicht abgeschlossen war, besser zu verstehen. Robertus und Dühring gehören ebenfalls noch zu jener Epoche, und dann kamen die Revisionisten und die großen Kontroversen von 1920 in der Sowjetunion, vielleicht die wichtigsten für uns.

Jetzt sehe ich, dass ich einen Punkt ausgelassen habe (ich schreibe mit fliegender Feder). Es ist die IV, Klassiker der Ökonomie und ihre Vorläufer. Hierzu würden Adam Smith, die Physiokraten etc. gehören.

Es ist eine gigantische Arbeit, aber Kuba verdient sie, und ich glaube, sie kann bewältigt werden. Ich werde dich nicht mehr mit diesem Zeug belästigen. Ich habe dir geschrieben, weil ich nicht viel über die Leute weiß, die im Moment für die ideologische Orientierung verantwortlich sind, und es möglicherweise aus anderen Gründen (die nichts mit dem ideologischen Kram zu tun haben, der dabei aber auch eine Rolle spielen) unklug wäre, ihnen zu schreiben.

Also, illustrer Kollege (von wegen Philosoph), ich wünsche dir Erfolg und hoffe, dass wir uns am siebten Tage sehen.

Eine Umarmung für die Umarmenswerten, einschließlich für deine teure und streitsüchtige bessere Hälfte [Haydée Santamaría],

R.

[Ramón, Che Guevaras Deckname im Kongo 1965. Den Brief hat er aus Afrika geschickt.]

An die UNEAC

(über » Etappen des revolutionären Kampfes «)

Havanna, 23. Juni 1963
»Jahr der Organisation«
UNEAC, Havanna

Genosse,

niemand kann wissen, bis zu welchem Punkt ein Eigenlob verdient ist. Jedenfalls mag ich es nicht und halte es für unnötig.

Ich will mich zu einigen inhaltlichen und formalen Fehlern äußern.

Zum Inhalt: Meine Vorfahren, die »Zeichen von Hass gegen die Unterdrücker des Volkes zeigten«, waren in Wirklichkeit Angehörige des großen argentinischen Rinderzuchtmonopols; der Kampf gegen Rosas hatte nie eine Massenbasis.

Diejenigen, die Juan Manuel Rosas bekämpften, können vom marxistischen Standpunkt aus nicht als progressiv beschrieben werden.

Übrigens habe ich mich als Jugendlicher nicht sozial engagiert und mich auch nicht an politischen Kämpfen oder Studentenrevolten in Argentinien beteiligt.

Zur Form: Dies ist kein Buch, sondern eine Sammlung von Aufzeichnungen.

Mit revolutionärem Gruß,
PATRIA O MUERTE. VENCEREMOS
Ernesto Che Guevara, Comandante

An Haydée Santamaría

Liebe Yeyé,

Armando und Guillermo haben mir von deinen Missgeschicken erzählt. Ich verstehe und respektiere deine Entscheidung, hätte dich jedoch lieber persönlich umarmt, anstatt dir diesen Brief zu schreiben.

Die Sicherheitsmaßnahmen hier waren sehr strikt, und das hat es mir unmöglich gemacht, viele der Leute, die ich liebe, zu treffen (ich bin nicht so gefühllos, wie es manchmal scheint). Ich sehe Kuba jetzt beinahe so wie ein Ausländer, der zu Besuch kommt, aus einem anderen Blickwinkel. Und dieses Gefühl lässt mich trotz meiner Isolierung verstehen, welchen Eindruck solche Besucher von Kuba mitnehmen.

Danke für die medizinisch-literarischen Päckchen. Ich sehe, du bist eine gebildete Frau mit kreativer Kraft geworden, aber ich muss dir gestehen, dass du mir am besten gefällst, wenn du Feuerwerke abbrennst und Raketen abfeuerst wie an jenem Tag Anfang des neuen Jahres. Dieses Bild und das in der Sierra (sogar die Kämpfe jener Tage sind meiner Erinnerung teuer) sind diejenigen von dir, die ich mit mir herumtragen werde, für meinen persönlichen Gebrauch. Die Liebe und die Entschlossenheit von euch allen wird uns in den schwierigen Zeiten helfen, die auf uns zukommen.

Dein Kollege,
der dich liebt.

Von RaúlRoa

Havanna, 19. Dezember 1963

Che,

hier schicke ich dir, wenn auch reichlich spät, ein Exemplar der englischen Ausgabe deines Buches *Der Guerilla-Krieg*.

Wenn du willst, kann ich meine guten Beziehungen zu Mao spielen lassen, damit 600 Millionen Exemplare in der Sprache von Laotse veröffentlicht werden können.

Es grüßt dich herzlich,
Raúl Roa

30. Januar

Kubanische Botschaft Frankreich

Mein Alter,

ich schreibe dir diese Zeilen, um dir eine Vorstellung von meiner Reise zu vermitteln und von deinen Leuten zu berichten, so wie das kritische Auge deines reisenden Botschafters sie gesehen hat.

Deine Mannschaft hier ist äußerst verlässlich. Die Leute haben Charakter und sind gut organisiert, Frankreich wird allerdings zu sehr vernachlässigt. *Prensa Latina* hat nicht mal einen Fernschreiber und erhält keine Nachrichten, und das an einem Ort, der zunehmend an Bedeutung gewinnt und an dem jeden Tag etwas passiert.

Papito macht mit seiner »kreativen Syphilis« weiter, wie es ein linker Intellektueller richtig beschrieben hat. Es könnte passieren, dass er die Sahara mit dem Wasser des Almendares überflutet, doch dann müsste hinterher eine ganze Mannschaft für die Technik sorgen. Auf Grund der politischen Bedeutung und der Unterstützung, die Kuba hier bei den Menschen und in der Regierung genießt, brauchen wir hier mehr Leute. Wir müssen in der Partei Leute für das hilflos agierende Kubanisch-Algerische Komitee suchen, dazu noch ein paar für die Botschaft und für Außenhandel, die hier mit der Arbeit beginnen könnten, zuerst auf der Basis von Pesetas, später dann von Pfund Sterling.

Seine Exzellenz Carrillo hat alles unter Kontrolle. Er macht dem Staatsdichter Konkurrenz und veröffentlicht Gedichte auf Französisch (parnassisch ... und ziemlich schlecht). Das Zeug kommt in *L'Essor* heraus, der Zeitung von Bamako, die die *Mayajigua Gazette* wie die *New York Times* aussehen lässt. Er weiß eine Menge über die wichtigen Leute hier und ist wohl gelitten, unabhängig von einigen Charakterfehlern. Er weiß die Dinge anzupacken, so dass man seine Erfahrung an den wichtigsten Stellen nutzen könnte; aber ich glaube, er ist hier, wo er ist, sehr gut aufgehoben, und vielleicht wird er ja der Dichter der Sahara.

Die Botschaftsangestellten sind zwei wohl genährte Kerle, die das tun, was man von ihnen verlangt. [...]

Die Analyse über Guinea war hervorragend. Ich habe seine Berichte gelesen, sie spiegeln die Situation exakt wider. Er ist sehr intelligent, und ich glaube, er arbeitet besser, wenn er sich um seine eigentlichen Aufgaben kümmert; aber ihm fehlt jede Initiative, um die kühle Atmosphäre zu überwinden, die dort herrscht (besser gesagt, herrschte), und mit den Massen des guineischen Volkes in Kontakt zu kommen. Ich habe ihm einen Vorschlag zu machen: Bevor er wieder in die Welt hinausgeschickt wird, soll er sein Studium in Havanna beenden. Später mehr davon. Übrigens, wir brauchen einen Botschafter, einen richtigen Politiker, der einen besseren Kontakt mit dem Volk aufbauen kann (keine gute Idee, ihn aus diesem Grund hierher zu schicken). Ich habe mich lang und offen mit Sékou Touré unterhalten. Er scheint der hellste und gebildetste Kopf einer Regierung zu sein, den ich in diesem Teil Afrikas kennen gelernt habe.

Der Kongo ist ein Hexenkessel mit Präsident, aber das Volk ist gutmütig, und wenn ein politisches Team hierher geschickt würde, könnte es auf den richtigen Pfad geführt werden, wodurch ein drohender politischer Umsturz vermieden werden könnte.

Ghana ist das am höchsten entwickelte dieser Länder, aber es steht unter starkem imperialistischen Einfluss. Unser Botschafter ist ein kleiner Kretin, der Kritik ungefähr so sehr schätzt wie du Olivares, doch er ist seriös, arbeitsam und fleißig. Er führt die Botschaft selbstsicher, aber ich glaube, er sollte nach einem Jahr nach Kuba zurückkehren und etwas Produktives tun, in einer vertrauten Umgebung, damit er sein Botschaftergehabe ablegt, das die revolutionären Möglichkeiten der Leute einschränkt. Das Team arbeitet gut zusammen, jedenfalls von außen gesehen. Es gibt da einen Wirtschaftsattaché, der in seinem Arbeitsbereich nichts tut, aber immer bereit ist zu helfen, und der auf einem Gebiet glänzt: Er spricht ziemlich fließend Englisch.

Dahomey ist auch so ein Schlangennest. Der Präsident und sein Vize liegen sich ständig in den Haaren. Dafür gibt es viele Gründe. Der Präsident ist progressiv, soweit man das hier sein kann, und sein Vize ist reaktionär; der Präsident stammt aus Porto Novo, einer der Großstädte, und sein Vize stammt aus Cotonou; der Präsident gehört einem Stamm an, sein Vize einem anderen. Und wir dürfen auch nie den verfluchten Ehrgeiz vergessen. Der Präsident, der nicht der Chef der Exekutive ist (das ist der Vize), möchte nach Kuba kommen, und ich denke, er sollte eingeladen werden. Wenn man Entralgo grünes Licht gibt und Geld zur Verfügung steht, würde ich vorschlagen, Gonzalo Sala als Wirtschaftsfachmann dorthin zu schicken, um uns zu vertreten, nachdem wir einen klugen Botschafter nach Guinea geschickt haben.

Das sind meine ersten Eindrücke. Ich tippe sie selbst, und ich hasse dieses Ding von Schreibmaschine, also werde ich dir mehr erzählen, sobald ich zurück bin. Bis dahin gibt es folgende Reisepläne: China, Kairo, Khartum, Daressalam und Algerien, um an einer afro-asiatischen Wirtschaftskonferenz teilzunehmen (als Beobachter, auf persönliche Einladung von Ben Bella). Wir müssen ein Auge auf Syrien werfen, da bewegt sich was.

Grüße an die bürokratische und flügellahme Bande um dich herum und eine kosmische Umarmung.

Che

Dies ist der kurze, aber intensive Briefwechsel zwischen
dem nach eigenen Worten
»gescheiterten Dichter« Che und dem
»großen, verzweifelten Dichter«, wie
er Léon Felipe liebevoll bewundernd
nannte.

Kommentierende Worte sind hier
unnötig. Es gibt wenig zu sagen über
diesen Dialog, der auch noch nach
drei Jahrzehnten seine ursprüngliche
Frische und Weisheit bewahrt hat.

Lassen Sie uns also nur sagen, dass
diese Art des Dialogs, die auf Poesie
basiert und Respekt, Bewunderung
und unterschiedliche Meinungen in
einer einzigen Diskussion zusammen-
führt, ein weiteres Beispiel für Ches
Zeitzeugenschaft ist.

—VC

10

Austausch
zwischen
Dichtern

Betrachten Sie dies bitte als Ausdruck meiner Hochachtung ...

21. August 1964
»Jahr der Ökonomie«

Sr. Léon Felipe,
Editorial Grijalbo S.A.
Avenida Granjas 82
Mexiko 16, D.F.

Meister,

vor einigen Jahren, schon nachdem die Revolution an die Macht gekommen war, bekam ich Ihr neuestes Werk mit einer persönlichen Widmung.

Ich habe Ihnen nie dafür gedankt, doch ich trug es stets bei mir. Es wird Sie vielleicht interessieren, dass eins der zwei oder drei Bücher, die neben meinem Bett liegen, *El Ciervo* [Der Hirsch] ist, auch wenn ich nur wenig Gelegenheit hatte, darin zu lesen; denn in Kuba Freizeit zu haben, zu schlafen oder sich auszuruhen, das grenzt fast schon an Hochverrat.

Neulich habe ich an einer Veranstaltung teilgenommen, die sehr wichtig für mich war. Die Halle war zum Bersten voll mit begeisterten Arbeitern, und man spürte die Anwesenheit des neuen Menschen. Der gescheiterte Dichter in mir kam zum Vorschein, ich griff zu Ihrem Buch und versuchte, aus der Ferne mit Ihnen zu streiten. Betrachten Sie dies bitte als Ausdruck meiner Hochachtung.

Wenn Sie die Herausforderung annehmen wollen, soll dies als Einladung gelten.

Mit aufrichtiger Bewunderung und Wertschätzung

Ernesto Che Guevara, Comandante

Jeden Tag das Leben in Feuer zu verwandeln...

(aus einer Rede, die Che 1964 vor Arbeitern gehalten hat)

[...] Wenn ihr erlaubt, will ich euch ein wenig Poesie »zumuten«. [...] Keine Sorge, es ist keine meiner eigenen Eingebungen, wie man so sagt! Es ist ein Gedicht – besser gesagt, ein paar Zeilen aus dem Gedicht – eines verzweifelten Mannes, eines alten Dichters, der sich dem Ende seines Lebens nähert. Er ist über achtzig Jahre alt und musste vor vielen Jahren den Untergang der spanischen Republik, der politischen Sache, für die er kämpfte, mit ansehen, und seitdem lebt er im Exil. Heute lebt er in Mexiko. In seinem neuesten Buch, das vor einigen Jahren erschienen ist, gibt es ein paar interessante Verse. Er schreibt:

> Doch der Mensch ist ein sich plagendes und dummes Kind,
> das aus der Arbeit einen verschwitzten Tag macht,
> aus dem Trommelstock eine Hacke,
> und auf der Erde keine Ode an die Freude spielt,
> sondern anfängt zu graben ...

Dann sagt er weiter, so ungefähr, denn ich habe kein sehr gutes Gedächtnis:

> Was ich sagen will: niemand hat je zu graben gewusst
> zum Rhythmus der Sonne,
> niemand je eine Ähre geschnitten
> mit Liebe und Anmut.

Dies ist exakt die Haltung der Besiegten aus einer anderen Welt, einer Welt, die wir bereits hinter uns gelassen haben, durch unsere Haltung zur Arbeit, durch unseren Wunsch, zur Natur zurückzukehren, jeden Tag das Leben in Feuer zu verwandeln.

Ich schreibe Ihnen als sehr alter und sehr schwerfälliger Mann...

Mexiko, 27 März 1965

Mein lieber Freund Che Guevara,

ich schreibe Ihnen als sehr alter und sehr schwerfälliger Mann, doch ich schulde Ihnen einen herzlichen Gruß, den ich Ihnen zukommen lassen möchte, bevor ich mich für immer verabschiede. Er wird Ihnen von einer alten Freundin überbracht, Berta, der Frau eines alten Freundes von mir, die Sie über alles schätzt.

Zur Erinnerung schicke ich Ihnen die eigenhändige Abschrift des letzten Gedichtes, das ich vor einigen Tagen geschrieben habe.

Ich wünsche Ihnen Gesundheit und Glück.

Ihr alter Freund, der Sie liebt,

Léon Felipe

Der Brief ist in der eiligen Handschrift geschrieben, der wir später im *Bolivianischen Tagebuch* wiederbegegnen und die Ernesto Guevara seit seiner ruhelosen Jugend mit beeindruckender Treue begleitet hat. Einer gegenseitigen Treue, damit wir uns recht verstehen.

Dieser Mann vertraute die Geheimnisse seiner Kämpfe dem Wort an, er bat es um Klärung und Rat, um seine Feinde und seine Freunde verstehen zu können, er forderte seine Anwesenheit, im Moment des Sieges und auch in den schwierigen Zeiten nur selten eingestandener Niedergeschlagenheit.

Hier schreibt er einen Liebesbrief an seine Kinder, aus großer Entfernung und in großer Eile. Er bietet ihnen allen seine Liebe und seinen Rat an, fordert von den Mädchen kooperatives Verhalten und von den Jungen, in kommender Zeit zu kämpfen oder auf den Mond zu fliegen, je nachdem, wie es dem Feind ergangen sein würde. Es ist gleichzeitig ein Abschiedsbrief von Che, der hier, mit seiner Tochter Celita auf dem Arm und sauber rasiert, zu sehen ist, kurz bevor er wieder in die Schlacht zieht.

—*VC*

Brief an seine Kinder

Mit Celita. Pinar del Río, Kuba, 1966

Ich schreibe euch aus grosser Ferne und in grosser Eile ...

Meine Liebsten, Aliusha, Camilo, Celita und Tatico,

ich schreibe euch aus großer Ferne und in großer Eile, das heißt, ich kann euch nichts über meine letzten Abenteuer erzählen. Das ist schade, denn sie sind sehr interessant, und Pepe Kaiman [Uncle Sam] hat mir viele Freunde vorgestellt. Ein anderes Mal ...

Jetzt möchte ich euch sagen, dass ich euch alle sehr liebe und immer an euch denke, an euch und an Mama, auch wenn ich die Jüngeren von euch fast nur von Fotos her kenne, da ihr noch sehr klein wart, als ich fortging. Gleich wird ein Foto von mir gemacht, damit ihr wisst, wie ich im Moment aussehe – ein wenig älter und hässlicher.

Der Brief wird pünktlich zu Aliushas sechstem Geburtstag ankommen, also soll er dazu dienen, ihr zu gratulieren und ihr einen sehr glücklichen Tag zu wünschen.

Aliusha, du musst fleißig lernen und deiner Mutter helfen, wo du nur kannst. Vergiss nicht, du bist die Älteste.

Du, Camilo, sollst nicht so viele Kraftausdrücke benutzen, in der Schule darf man so etwas nicht sagen, man muss lernen, sie zu gebrauchen, wenn es angebracht ist.

Celita, hilf deiner Großmutter im Haus, wo immer du kannst, und sei so lieb wie damals, als wir uns verabschiedet haben – erinnerst du dich? Bestimmt nicht.

Tatico, du musst groß und stark werden, wenn du ein Mann bist, werden wir sehen, was du machen kannst. Wenn es den Imperialismus dann noch gibt, werden wir ihn zusammen bekämpfen. Wenn nicht, dann mach ich mit dir, Camilo, Ferien auf dem Mond.

Gebt euren Großeltern, Miriam und ihrem Baby, Estela und Carmita einen Kuss von mir, und ihr bekommt einen Kuss so groß wie ein Elefant von

Papa

P.S. Für Hildita [Ches älteste Tochter] auch einen elefantengroßen Kuss, und sagt ihr, ich schreib ihr bald, im Moment hab ich keine Zeit.

Der Stein ist eine packende Geschichte, die Che im Kongo geschrieben hat. Die unveröffentlichte Originalversion, aus der wir einen Auszug bringen, umfasst zehn Seiten seiner Aufzeichnungen, die mit wenigen Korrekturen versehen sind.

Das Thema der Geschichte – Gedanken über den möglichen Tod seiner Mutter Celia – belegt, dass sie irgendwann nach dem 22. Mai 1965 geschrieben wurde. An jenem Tag überbrachte Osmany Cienfuegos Che »die traurigste Nachricht des Krieges: Telefonisch war aus Buenos Aires mitgeteilt worden, dass meine Mutter sehr krank war, und der Unterton hatte darauf schließen lassen, dass man mich auf Schlimmeres vorbereiten wollte. [...] Einen Monat lang musste ich mit der traurigen Ungewissheit leben und auf die Resultate warten, die ich insgeheim fürchtete. Ich hoffte, dass es sich bei der Nachricht um einen Irrtum handelte. Dann kam die Bestätigung vom Tode meiner Mutter.«

Mitten in dieser »traurigen Ungewissheit« entwarf Che eine höchst introspektive Geschichte, in der philosophische Überlegungen, Ironie, Kummer und Zärtlichkeit zusammenfließen. Es ist wahrscheinlich die schonungsloseste, eindringlichste und bewegendste Geschichte, die er geschrieben hat, und wie freuen uns, dieses wichtige Dokument präsentieren zu können. Es umreißt, in einer besonders dramatischen Situation, Nuancen seiner Persönlichkeit und seines Schreibens und bringt uns, den fernen Lesern, die Einsamkeit näher, die der Autor zu jener Zeit empfunden haben muss.

Darüber begegnen wir hier der philosophischen Dichte von *Der Zweifel*, einer weiteren Geschichte, die er im Kongo geschrieben hat, sowie der Liebe, die aus den Ansichtskarten spricht, die er seinen Kindern aus Afrika geschickt hat. Unter den heftigen, Grauen erregenden Umständen des Krieges ist diese Stimme noch in der Lage, Wort, Ton und Bild zu modulieren. Andere Worte an andere Leute sind der Freundschaft, der Bewunderung und der Solidarität geschuldet.

Der, der sie schrieb, hat auch der erhabenen Bedeutung des Themas Ausdruck gegeben, das in dem folgenden Satz, den wir seiner packenden Geschichte entnommen haben, deutlich wird:

»Man überlebt in der Spezies, in der Geschichte, die eine mystifizierte Form des Lebens ist; in den Werken, in den Erinnerungen.«

—VC

AFRIKA:

Winde aus dem Westen, Brisen aus dem Osten

Meine Träume werden keine Grenzen kennen...

»Eine gemeinsame Vergangenheit im Kampf
gegen denselben Feind hat uns geeint ...«
Auf der Straße von Daressalam nach Kigoma. Tansania, 1965

Für Cesáreo Rivero:

Für Cesáreo Rivero, dem ich viel Glück für Capablanca [berühmter kubanischer Schachmeister] wünsche.

Che

Für Don Tomás Roig:

Don Tomás, vom Genossen Cid habe ich gehört, dass Sie sich für das Buch *Medizinische Pflanzen* interessieren, und ich freue mich, es Ihnen nun zukommen lassen zu können.

Bitte betrachten Sie es als bescheidene Huldigung meines Ministeriums an den Wissenschaftler, der dem Namen Kubas Ehre machte, bevor die Revolution ihn überall bekannt gemacht hat.

Nehmen Sie bitte auch meine persönliche Huldigung entgegen, von jemandem, der die gespannte Stille im Versuchslabor kennen gelernt hat und sich manchmal nach seinem früheren bürgerlichen Beruf zurücksehnt, obwohl er der Menschheit aus jenem Schützengraben heraus nichts zu geben hatte.

Hochachtungsvoll,

Che

Für José Manuel Manresa:

Für Manresa, hier, wo sich die Wege (vorübergehend?) trennen.

Mit einem letzten Händedruck.

Für Alberto Granado [Ches Begleiter auf seiner ersten Reise durch Lateinamerika]:

Mein bewegliches Heim wird auch in Zukunft zwei Beine haben, und meine Träume werden keine Grenzen kennen ... wenigstens bis die Kugeln nicht ihr letztes Wort gesprochen haben.

Du sesshafter Zigeuner, ich warte darauf, dich wiederzusehen, wenn der Pulvergeruch der Gewehrfeuer sich verzogen haben wird.

Es umarmt euch alle,

Che

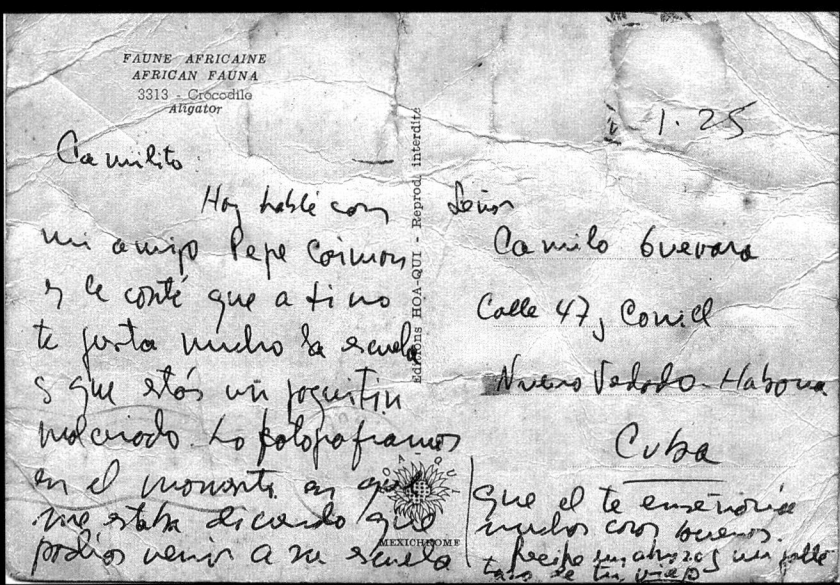

An Camilo:

Camilito,

heute habe ich mich mit meinem Freund Pepe Kaiman unterhalten. Ich habe ihm erzählt, dass du nicht gerne in die Schule gehst und ein klein wenig verzogen bist. Wir haben ihn in dem Moment fotografiert, als er gerade vorschlug, du könntest in seine Schule kommen, er würde dir viele schöne Dinge beibringen.

Eine herzliche Umarmung und einen kräftigen Klaps von deinem Alten.

...Ich habe Gazellen durch die Savanne laufen sehen, und da hab ich an dich gedacht.

Sonst nichts Neues, außer dass es hier Löwen gibt und dass die Gazellen in unserem Land herumlaufen könnten, ohne dass man Jagd auf sie machen würde.

Vergiss nicht in die Schule zu gehen, und gib deinem neuen Brüderchen einen Kuss von mir.

Es küsst dich,

Papa

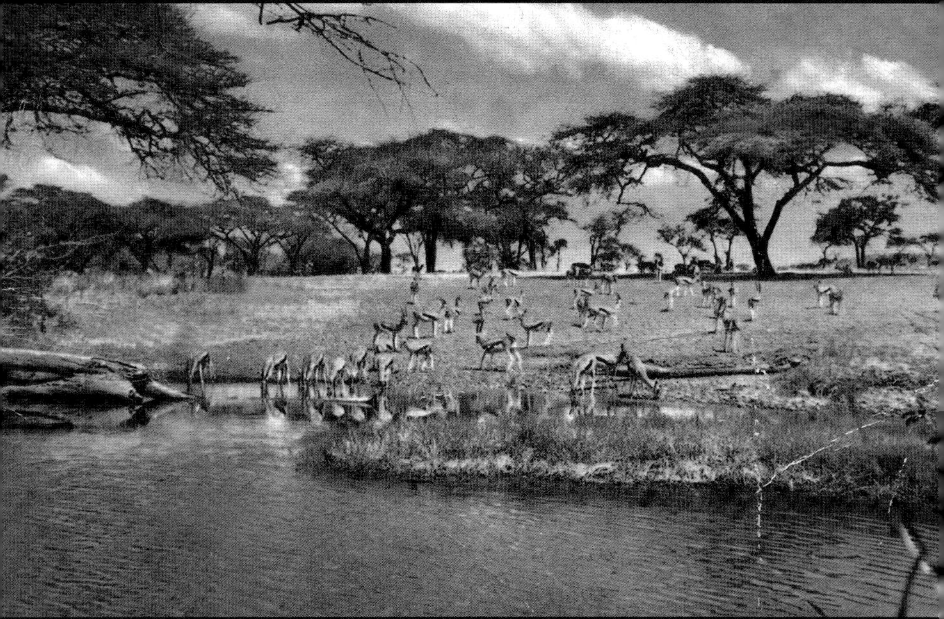

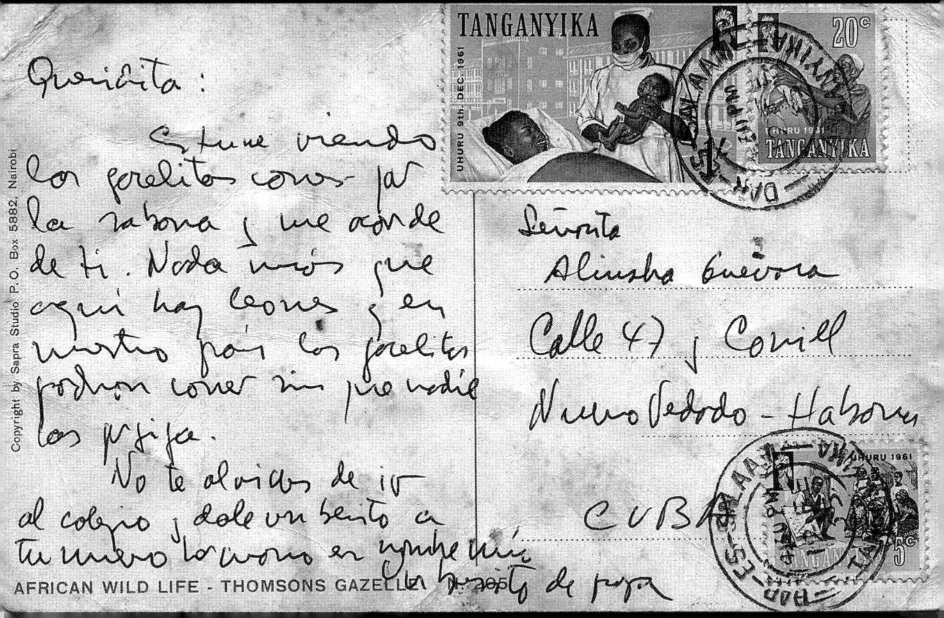

AFRICAN WILD LIFE - THOMSONS GAZELLE

Der Stein

Er sagte es mir, wie man solche Dinge einem starken Mann sagen muss, einem, der Verantwortung trägt, und ich war ihm dankbar dafür. Er spielte mir weder Betroffenheit noch Schmerz vor, und ich versuchte, weder das eine noch das andere zu zeigen. Es war so einfach!

Außerdem musste ich erst die Bestätigung abwarten, bevor ich offiziell trauern konnte. Ich fragte mich, ob ich ein wenig weinen könne. Nein, unmöglich, der Chef ist unpersönlich. Nicht dass ihm das Recht verweigert wäre, etwas zu fühlen; aber er darf keine Gefühle zeigen in Bezug auf die eigenen Angelegenheiten; was die Angelegenheiten seiner Soldaten betrifft, vielleicht.

»Es war ein Freund der Familie, man hat ihn angerufen und gesagt, dass ihr Zustand ernst sei. Aber ich war an dem Tag nicht da.«

»Ernst ... Heißt das, sie stirbt?«

»Ja.«

»Sag mir Bescheid, wenn es etwas Neues gibt.«

»Sobald ich etwas höre, ja, aber es gibt keine Hoffnung. Glaube ich.«

Der Todesbote war gegangen, aber ich hatte noch keine offizielle Bestätigung. Warten war alles, was ich tun konnte. Wenn die Nachricht offiziell würde, wollte ich entscheiden, ob ich das Recht hätte, meine Trauer zu zeigen, oder nicht. Ich neigte zu der Ansicht, nein.

Die Morgensonne brannte heiß nach dem Regen. Daran war nichts Besonderes: Jeden Morgen regnete es, und dann kam die Sonne heraus, brannte und verscheuchte den Dunst. Am Nachmittag würde der Fluss wieder

kristallklar sein, auch wenn heute nicht viel Wasser aus den Bergen heruntergekommen war. Alles war eher normal.

Man sagt, dass es am 20. Mai aufhören würde zu regnen und dass bis Oktober kein Tropfen mehr fallen würde.

Man sagt ... aber man sagt so viel, was nicht stimmt. Wird sich die Natur vom Kalender leiten lassen? Mir war es egal, ob die Natur sich vom Kalender leiten lassen würde oder nicht. Im Allgemeinen war mir alles egal, sowohl die erzwungene Untätigkeit als auch dieser unsinnige Krieg ohne jedes Ziel. Nun ja, ohne jedes Ziel stimmt nicht ganz, nur dass es so vage war, so verschwommen, dass es unerreichbar schien, wie eine surrealistische Hölle, wo die ewige Strafe Langeweile ist. Und ehrlich gesagt, es war mir nicht egal. Natürlich nicht.

Man muss einen Weg finden, diese Langeweile zu durchbrechen, dachte ich. Das zu denken war einfach; man konnte tausend Pläne machen, einer verlockender als der andere, und dann die besten auswählen, zwei oder drei zu einem verbinden, alles vereinfachen, auf einen Zettel schreiben und weitergeben. Dort endete dann alles, und man musste von neuem beginnen. Eine Bürokratie, die intelligenter war als üblich: Anstatt alles zu den Akten zu nehmen, ließ man es verschwinden. Meine Männer sagten, dass sie es zum Rauchen benutzten, jedes Stückchen Papier könne man rauchen, wenn was drin sei.

Der Vorteil lag darin, dass ich das, was mir nicht gefiel, im nächsten Plan ändern konnte. Niemand würde es bemerken. Das konnte endlos so weitergehen, schien es.

Ich hatte Lust zu rauchen und holte meine Pfeife hervor. Sie war wie immer in meiner Tasche. Im Gegensatz zu meinen Soldaten verlor ich meine Pfeifen nicht. Es war sehr wichtig für mich, immer eine bei mir zu haben. Auf den Pfaden des Rauches kann man jede Entfernung zurücklegen, ich würde sogar sagen, man kann sich Pläne zurechtlegen und vom Sieg träumen, ohne dass es wie ein Traum aussieht; nur wie eine durch Entfernung und Rauch vernebelte Realität. Die Pfeife ist ein ausgezeichneter Genosse. Wie kann man etwas so Wichtiges verlieren? Was für Dummköpfe!

Nein, sie waren nicht dumm. Sie machten irgendetwas, und danach waren sie erschöpft. So mussten sie sich keine Gedanken machen. Und wozu dient eine Pfeife, wenn nicht zum Nachdenken? Aber man kann auch träumen, ja, man kann träumen, und die Pfeife ist wichtig, wenn man weiterdenkt, in die Ferne, einer Zukunft entgegen, in die nur der Pfad des Rauches führt, oder zurück in eine so ferne Vergangenheit, dass man denselben Pfad benutzen muss. Die nahen Ziele jedoch, die Sehnsüchte, fühlt man mit anderen Körperteilen, sie haben kräftige Füße und scharfe Augen; dafür benötigt man nicht die Hilfe des Rauches. Die Soldaten verlieren ihre Pfeifen, weil sie für sie verzichtbar sind. Unverzichtbare Dinge verliert man nicht.

Hatte ich noch so etwas in der Art? Ihr Gazetuch. Das war etwas anderes. Sie hatte es mir für den Fall gegeben, dass ich am Arm verletzt werden würde, dann wäre es so etwas Ähnliches wie eine Liebesschlinge. Das Problem war nur, wie ich es benutzen sollte, wenn ich

»... und das Lesen, das ich immer sehr ausgiebig betrieb.« Kongo, 1965

in den Rücken geschossen würde. Doch dafür gäbe es eine einfache Lösung: Ich würde es mir um den Kopf binden, um die Kinnlade zu stützen, wenn man mich ins Grab legen würde. Getreu bis in den Tod. Aber wenn ich auf einem Berg liegen bleiben oder von irgendwem irgendwo gefunden würde, dann würde es bestimmt kein Gazetuch geben. Man würde mich ins Gras legen oder mich wie ein Ausstellungsstück der Welt vorführen, und vielleicht würde ich dann in *Life* erscheinen, mit einem verzweifelten, in die Ferne gerichteten sterbenden Blick im Moment höchster Angst. Denn man hat Angst, wozu das leugnen?

Durch den Rauch folgte ich alten Pfaden und gelangte so in die verborgensten Winkel meiner Angst, die stets etwas mit dem Tod zu tun haben, jenem beunruhigenden und unerklärlichen Nichts, auch wenn wir Marxisten-Leninisten den Tod noch so gut als Nichts zu erklären wissen. Und was ist dieses Nichts? Nichts. Eine einfachere und überzeugendere Erklärung ist unmöglich. Das Nichts ist nichts; schalte dein Hirn aus, hülle es in einen schwarzen Umhang, wenn du willst, mit einem Sternenhimmel, dann hast du das Nichts, gleichbedeutend mit der Unendlichkeit.

Man überlebt in der Spezies, in der Geschichte, die eine mystifizierte Form des Lebens ist; in den Werken, in den Erinnerungen. Ist dir nie ein Schauer über den Rücken gelaufen, wenn du etwas über Maceos kraftvolle Machete gelesen hast? Das ist das Leben nach dem Nichts. Und unsere Kinder. Ich möchte nicht in meinen Kindern weiterleben, sie kennen mich nicht einmal. Ich bin nur ein fremder Körper, der manchmal ihr friedvolles Leben durcheinander bringt, der sich zwischen sie und ihre Mutter schiebt.

Ich stelle mir meinen Sohn und seine Mutter vor, er erwachsen und sie mit grauem Haar, und sie sagt zu ihm in vorwurfsvollem Ton: »Dein Vater hätte dies oder jenes nicht getan.« Da spüre ich in mir, dem Sohn meines Vaters, einen heftigen Widerstand. Ich, der Sohn, würde nicht wissen, ob ich, der Vater, dieses oder jenes getan hätte oder nicht, doch wäre ich verärgert und würde mich um das Andenken von mir, dem Vater, betrogen fühlen, wenn dessen Bild mir ständig vorgehalten würde. Mein Sohn soll ein Mann werden, nichts weiter, weder besser noch schlechter, aber ein Mann. Ich war meinem Vater dankbar für seine beispiellose, zärtliche und flüchtige Liebe. Und meine Mutter? Die arme alte Frau. Noch habe ich kein Recht zu trauern, ich muss die offizielle Bestätigung abwarten.

So wandelte ich auf den Pfaden meines Rauches, als ein Soldat, froh, sich nützlich zu machen, meine Gedanken unterbrach:

»Haben Sie nichts verloren?«

»Nein, nichts«, antwortete ich und dachte an das andere Nichts meiner Träumereien.

»Schauen Sie doch noch mal nach.«

Ich klopfte meine Taschen ab: alles da.

»Nichts.«

»Und der kleine Stein? Ich hab ihn an Ihrem Schlüsselanhänger gesehen.«

»Ah, verdammt!«

Der Selbstvorwurf traf mich mit aller Macht. Man verliert nichts Unverzichtbares. Nichts, was lebensnotwendig ist. Lebt man noch, wenn es nichts Lebensnotwendiges mehr gibt? Physisch ja, aber als moralisches Wesen nein. Wenigstens glaube ich das.

Ich tauchte tief in meine Erinnerungen ein, klopfte noch einmal sorgfältig alle meine Taschen ab, während der vom Berglehm trübe Fluss sein Geheimnis vor mir verbarg. Die Pfeife, zuerst die Pfeife: Sie war da. Die Papiere und das Tuch hatten sich in Luft aufgelöst. Inhaliergerät: vorhanden. Stifte, Notiz-bücher in ihrer Plastikhülle: vorhanden. Feuerzeug ebenfalls vorhanden. Alles in Ordnung. Ich tauchte wieder auf.

Nur zwei kleine Erinnerungsstücke hatte ich mit in den Kampf genommen: das Gazetuch von meiner Frau und den Schlüsselanhänger mit dem kleinen Stein von meiner Mutter, einem ganz gewöhnlichen, billigen Stein. Der Stein hatte sich gelöst, und ich trug ihn seitdem in der Tasche bei mir.

War er gnädig oder rachsüchtig oder nur unpersönlich wie ein Chef, der Fluss? Weint man nicht, weil man nicht weinen darf oder weil man nicht kann? Gibt es kein Recht auf Vergessen, nicht mal im Krieg? Ist es nötig, sich als eiskalter Macho zu tarnen?

Ich weiß es nicht. Ich weiß es wirklich nicht. Ich weiß nur, dass ich ein körperliches Bedürfnis verspüre, meine Mutter zu sehen, den Kopf in ihren mageren Schoß zu legen und sie mit rauer Zärtlichkeit zu mir sagen zu hören: »Mein Kleiner«, ihre Hand zu spüren, die linkisch über mein Haar streicht, ruckartig wie bei einer aufziehbaren Puppe, so als ströme ihr die Zärtlichkeit nur aus den Augen und der Stimme, weil die kaputten Drähte sie nicht bis in die Gliedmaßen leiten. Und die Hände beginnen zu zittern, klopfen mehr, als dass sie streicheln, doch die Liebe strömt nach außen und umfasst sie, und man fühlt sich so wohl, so klein und so stark. Es ist nicht nötig, sie um Verzeihung zu bitten, sie versteht alles. Das weiß man, wenn man dieses »Mein Kleiner« hört. [...]

»Ist er stark? Ich merk das auch, gestern wär ich beinahe umgefallen, als ich aufstehen wollte. Man lässt ihn nicht lange genug trocknen, glaub ich.«

»Ein Scheißtabak ist das, ich hoffe, die bringen bei der nächsten Lieferung einen anständigen. Man hat doch ein Recht, sich in Ruhe eine zu rauchen, auch 'ne leckere Pfeife, oder ...?«

Der Zweifel

»Nein, den Stier nicht, den nicht ...«

Mit kaum merklicher Unruhe, die ihn im Innern bewegte, sein selbstsicheres Lächeln jedoch in keinster Weise daran hinderte, sich zu entfalten, beobachtete er die Szene.

Er sah den wilden Stier mit den bedrohlichen Hörnern, der keine andere Grenzen der Freiheit kannte als den dünnen Stock des Hirten; jetzt stampfte er auf den Boden, verwirrt und verzweifelt. Man ahnte, wie ihn die Wut überkam, er war bereit, zum Angriff überzugehen.

Er musste sich selbst eingestehen, dass er den Soldaten gerne blutend am Boden gesehen hätte. Nicht dass er ihm etwas Schlechtes gewünscht hätte, etwas wirklich Schlechtes, aber es musste jetzt irgendeine Entscheidung fallen.

Der Soldat grinste, seine Selbstsicherheit drang ihm aus allen Poren. Er musterte den Stier mit einem so spöttischen Blick, dass es einem in der Seele wehtat.

Er war in Schussweite. Eine Kugel hätte genügt.

Die Männer waren schwarz, aber sie waren anders. Man ahnt, dass sie sich überlegen fühlten, so als hätte die Reise ihrer Vorfahren über den Ozean ihnen neue Kraft verliehen, ein größeres Wissen von den Dingen der Welt. Das war gut so (der Kommissar sagt immer, dass Fortschritt und Wissenschaft wichtig seien, um die neue Welt aufzubauen), aber warum musste man die alte Weisheit der Berge auf diese Weise ignorieren? Wie konnten sie über diese Kräfte spotten, die sie unverwundbar gemacht hatten gegen die Kugeln der Feinde, wie konnten sie sie derart missachten?

Seine Narbe juckte, und er kratzte sich leicht, als wolle er die unangenehme Erinnerung daran verscheuchen. Der Narbenwulst juckte hartnäckig weiter, und er kratzte sich heftiger, wobei er darauf achtete, dass die schmerzhafte Wunde nicht wieder aufriss.

Zuerst hatte er sich geschämt, es einzugestehen, doch er hatte gemeint, es sei anständiger, es zu sagen. Alle gaben dem *Muganga* die Schuld, dem Medizinmann, der ihnen die *Dawa* verabreicht hatte, und sie drohten ihm. Aber er beichtete und verlangte von den anderen, ebenfalls zu beichten.

In Wirklichkeit hatte ihn die Angst bereits überkommen, bevor sie die Stellung erreicht hatten. Im Dschungel gibt es seltsame, unheimliche Geräusche. Man weiß nie, ob es eine Schlange ist oder ein Waldgeist oder irgendein wildes Tier, das einen im nächsten Augenblick anspringen wird. Und außerdem wartete der Feind am Ende des Weges.

Er erinnert sich an die Angst, die ihm in Wellen die Kehle zuschnürte, während sich die Morgendämmerung ankündigte [...], und an das Zittern, das seinen Körper befiel und das er auf die Kälte zurückführte. Doch er wusste, dass es nicht die Kälte war. Das Warten machte sie fertig, und er konnte nicht sagen, was größer war, die Angst vor der Schlacht oder die Angst vor dem Warten.

Noch bevor das Knattern zu hören war, explodierten die rötlichen Maschinengewehrgarben über den Schützengräben, wo der Feind gestanden haben musste. Dann brach die Hölle los, und das verwirrende Gefühl, keine Angst mehr zu haben, überkam ihn. Ohne dass er sich dessen bewusst war, hatte das

Zittern aufgehört, und er sah voller Stolz das Feuer, das geradlinig aus seinem Gewehr schoss, nicht in jenen grotesken Bögen, die er um sich herum wahrnahm und die eine Art Dach über den Köpfen der Feinde bildeten.

»Die schießen mit geschlossenen Augen, die haben nichts gelernt«, dachte er noch.

Dann hörte er ein leises Pfeifen und darauf ein ohrenbetäubendes Getöse, so als würde die Erde bersten; dann sah man eine Wolke aus Rauch und Staub, dann noch eine und noch eine. Nach der letzten Explosion, die näher gewesen war als die vorangegangenen, schaute er nach links und sah seinen Kameraden in einer seltsamen Stellung liegen: Eine Hand war unter dem Körper eingeklemmt, bewegte sich, als wolle sie sich befreien, im gleichen, merkwürdig abgehackten Rhythmus wie der Kopf, der auf die Brust gesunken war.

Im Licht der Morgendämmerung erkannte er zwei brechende Augen, wie die einer Ziege mit durchgeschnittener Kehle. Er sah, wie mit jeder seiner zuckenden Bewegungen Blut unter dem Kinn hervorquoll und auf die Erde tropfte und an dem spärlichen Bart klebte, wie bei einer Ziege ...

Nun kam das Zittern wieder, aber anders als eben. Vorher war es wie ein Kampf gegen seinen Willen gewesen, jetzt war es wie eine Feder, die ihn zum Laufen trieb [...] Und er erinnert sich, dass er nicht mehr an das Gewehr dachte, sondern nur noch zu fliehen versuchte, dass er nur noch aus der Hölle entkommen und sein Leben retten wollte, und es kam ihm vor, als klammerten sich die Bäume mit ihren Ästen und Zweigen an ihn, als hielten sie ihn zurück oder als trügen sie ihn fort, um ihn dem Leben zu entreißen, der grauenhaften Sinfonie, dem seltsam knackenden Geräusch ... Denn zuerst war es ein Knacken gewesen, das aus seinem Körper zu kommen schien; er brachte es nicht mit dem Sturz in Verbindung, an dem er den feindseligen Bäumen die Schuld gab.

Erst als er wieder zu laufen versuchte, merkte er, dass er verwundet war. Dies war der dunkelste Punkt in seiner Erinnerung. Bis dahin war er genauso schnell gelaufen wie seine Angst, die mit ihm verschmolzen war, eins mit ihm geworden war, so dass er sie nicht mehr so stark empfunden hatte. Jetzt überholte ihn die Angst, lief ihm zwischen dem Gestrüpp davon, aber sie wollte nicht alleine weiterrennen, drehte sich um und kam zu ihm zurück. Da spürte er die ganze Qual seiner Auflösung, er versuchte weiterzugehen, stürzte mit einem Seufzer zu Boden. Seine Angst war des Wartens überdrüssig und floh alleine, ließ ihn ausgestreckt auf dem kaum einsehbaren Pfad liegen, er stöhnte, in einer bedrückenden Stille, die ihn quälte, weil die Angst ihn verlassen hatte.

In dem Soldaten, der nun mit der ganzen Anmaßung eines Eroberers auf den wilden Stier zielte, konnte er nicht das menschliche Wesen erkennen, den Freund, den Bruder, der ihm geholfen hatte, jener Hölle zu entkommen. Wie hatte sich dieses schöne Gesicht verzerrt, als ein Schatten seines eigenen Stammes vorbeigehuscht war, ohne den Kopf zu wenden, ohne ihm zu helfen; wie konnte man bei ihm jene obszönen Worte vermuten, Töchter eines edlen Zorns, hinter den hermetischen Vorhängen seiner ungehobelten Sprache.

Doch jenes verzerrte Gesicht war so anders als das des Soldaten in der sengenden Sonne. Der Bruder hatte sich in einen Eroberer verwandelt, der von den Höhen eines fernen Berges auf sie herabsah wie ein Gott oder ein Dämon.

Und es stimmte doch: Der Zaubertrank, die *Dawa*, schützte vor feindlichen Kugeln. Während er seine Angst kontrollieren konnte, war ihm nichts passiert, und erst als er in Panik die Flucht ergriffen hatte, war er verwundet worden. Es machte ihn zornig, dass seine Kameraden so verlogen waren, dass sie die Wirkung der *Dawa* leugneten und die Unfähigkeit des *Muganga* für alles verantwortlich machten.

Es hatte ganz sicher nicht die Möglichkeit gegeben, eine Frau auch nur zu berühren, und die Ehre der Toten war auch nicht angetastet worden, aber die Angst, existierte die nicht? Sie alle wussten es ganz genau: Wenn man eine Frau berührt oder einem Toten etwas wegnimmt oder wenn man Angst hat, dann verliert die *Dawa* ihre Wirksamkeit.

Er war der Einzige gewesen, der mutig genug war, es vor der zornigen Menge zuzugeben: Er hatte Angst gehabt. Auch sie hatten Angst gehabt, und sie sollten es zugeben.

Widerwillig dachte er an die Geste verhaltener Wut, die er bei dem kleinen Mann beobachtet hatte, der am Hals verwundet worden war. Er hatte seine Angst mit so heuchlerischer Heftigkeit geleugnet! Mit so großer Respektlosigkeit hatte er den *Muganga* beschuldigt, ein Scharlatan zu sein, ohne den Kopf zu bewegen, so als würde er von zwei kräftigen Händen festgehalten, während seine Augen blitzten.

Er war zufrieden darüber, dass er durch sein bloßes Eingeständnis und seine Haltung ein wenig zur allgemeinen Beruhigung beigetragen hatte. Und die Ausländer, die nicht so prahlten, hatten in den anderen Schlachten ebenfalls ihre Toten und Verwundeten zu beklagen gehabt, obwohl ihre *Dawa* anscheinend kräftiger war, denn sie mussten sie nicht vor jedem Kampf einnehmen. Doch sie waren egoistisch und stritten lächelnd ab, dass sie so etwas hatten. Sogar dem

Kommandanten gegenüber stritten sie es ab. Er selbst hatte gehört, wie der Kommandant den Chef der Ausländer demütig gebeten hatte, ihnen etwas von ihrer *Dawa* zu geben, und wie der Ausländer gelacht hatte, so als hätte er eine lustige Geschichte gehört, und wie er in seinem Kauderwelsch irgendetwas von Bewusstsein und Internationalismus und wir sind alle Brüder und so geschwafelt hatte ... Ja, wir sind alle Brüder, aber von ihrer *Dawa* geben sie nichts ab ...

Die Sache mit dem Huhn verwirrte ihn ein wenig. Der *Muganga* (inzwischen ein neuer, denn der Kommandant war so schwach gewesen, nachzugeben und den alten zu ersetzen) hatte alles mit großer Sorgfalt vorbereitet und ihnen versichert, dass das Huhn unverwundbar sei. Doch bei dem ersten Schuss war es tot umgefallen, mausetot, und die Ausländer hatten es vor den empörten Blicken der Soldaten gegessen.

Jetzt aber dieser Stier. Wenn er doch den arroganten Mann auf die Hörner nehmen und ihm die Macht der *Dawa* beweisen würde! Oder wenn er wenigstens unverwundet bleiben würde; denn es war allzu undankbar, dem Bruder etwas Böses zu wünschen, der ihn, als alle anderen weggerannt waren, aus der Kampfzone gebracht und dafür gesorgt hatte, dass er ins Lazarett transportiert wurde.

An das Lazarett hatte er schlechte Erinnerungen. Erstens, weil die weißen Ärzte darüber gelacht hatten, dass die Kugel in seinen Hintern eingedrungen war. Als könne man sich aussuchen, wo man verwundet wird! Und als er ihnen erzählt hatte, dass er verwundet worden war, weil er Angst gehabt habe, da hatten sie noch mehr gelacht. Diese Weißen sind wirklich unsympathisch. Meinen, sie können sich über alles lustig machen, fühlten sich über alles erhaben mit ihrer Wissenschaft und ihrer Hautfarbe. Einen Moment lang hatte er gewünscht, man hätte ihn tot liegen lassen, dort, wo ihn die Kugel überrascht hatte. Dann wäre ihm wenigstens diese Demütigung erspart geblieben. Aber was wäre dann aus dem *Muganga* geworden?

Das Männchen mit der Schusswunde am Hals wollte den Medizinmann umbringen lassen, und sie wären fähig gewesen, das zu tun, wenn er nicht eingegriffen hätte. Es war gut, dass er noch lebte; schließlich muss man sich ehrenhaft verhalten und anerkennen, dass es schlecht ist, Angst zu haben.

Doch das Männchen mit der Schusswunde am Hals sagte, dass er viele Leute in Panik habe fliehen sehen und ihnen nichts geschehen sei. Und dass die Feigsten unter ihnen, diejenigen, die zurückgeblieben seien und nicht gekämpft hätten, gesund und munter seien. Er sagte, er selbst habe keine Angst gehabt und seine Verwundung stamme von einem Mörser (er war am Hals getroffen worden, hinten, im Nacken). Die Weißen sagten, es sehe nicht aus wie die Verwundung von einem Mörser, aber das Männchen behauptete, die Kugel habe seinen Hals durchbohrt. Jedenfalls war er im Nacken verwundet worden; wenn ihn dort wirklich eine Kugel getroffen hätte, hätte sie ihm den Kopf weggepustet.

Das Männchen mit der Schusswunde im Nacken diskutierte viel, anscheinend hatte er viel von den Weißen gelernt. Man fühlte sich unbehaglich, wenn er redete. Zum Beispiel sagte er: »Wenn die *Dawa* diejenigen, die Angst haben, nicht beschützt, wozu taugt sie dann?«

Er antwortete, dass man der Kraft der *Dawa* vertrauen müsse, und das Männchen antwortete, nein, im Gegenteil, die *Dawa* müsse einem Vertrauen geben, sonst tauge sie zu nichts.

Der kleine Mann mit der Schusswunde im Nacken redete viel, aber er blieb im Lazarett, er wollte nicht an die Front zurück. Als er sich von ihm verabschiedete, ließ er ihn spüren, dass er es für feige hielt, dort zu bleiben. Es war eine Art Rache ...

Der Schuss holte ihn aus dem Nebel seiner Gedanken und erschütterte alles in ihm, denn er hatte ihn nicht erwartet. Der Stier blickte dümmlich um sich, sank zu Boden und begann zu zittern, während seine glanzlosen Augen starr auf ihn gerichtet waren.

»Genauso wie die Ziege ... und der andere Mann«, dachte er.

Er spürte kaum den aufmunternden Klaps des Ausländers auf seinem Rücken, hörte aber deutlich sein durchdringendes, messerscharfes Lachen. Eine große Müdigkeit überkam ihn. Er wollte an nichts mehr denken.

Als sie nebeneinander hergingen, sagte der *Muganga* zu ihm, die Ausländer seien gute Freunde und hätten es oft bewiesen.

Er sah ihn überrascht an. In väterlichem Ton erklärte ihm der *Muganga*, dass die *Dawa* sie vor den Kugeln der Feinde beschütze, aber nicht vor denen aus der Waffe eines Freundes. Deswegen sei der Stier getötet worden, was wieder einmal beweise, dass die Ausländer ihre Freunde seien.

Mit diesen Erklärungen hatte er das Gefühl, als ob etwas von ihm genommen würde, eine große Last, die er getragen hatte. Doch ganz langsam, wenn auch noch etwas undeutlich und ohne dass die Last endgültig gewichen wäre, begann sich tief in seinem Innern ein neues, unersättliches Ungeheuer zu regen: der Zweifel.

»Meine Träume werden keine Grenzen kennen …«, Kongo, 1965

Es ist nicht sehr schwierig, sich diesem Thema zu nähern, denn Che hat uns einen Satz hinterlassen, der seine Leidenschaften klar und deutlich beschreibt. Im zweiten Teil seiner *Etappen des revolutionären Kampfes*, im Nachwort zu *Der afrikanische Traum*, in dem er eine Bilanz seiner Erfolge und Misserfolge im Kongo zieht, schreibt Che: »Im Kongo konnte ich mich meinen beiden Hauptlastern hingeben: dem Tabak, der mir nur selten ausging, und dem Lesen, das ich immer sehr ausgiebig betrieb.«

Es ist wahr: Bücher begleiteten Che sein Leben lang, sie waren für ihn ein wesentliches Mittel, die Welt kennen zu lernen, ein Geschenk für seinen immensen intellektuellen und geistigen Hunger.

Und es stimmt, dass das ausdauernde Lesen zu seinem analytischen Talent und seinem guten Gedächtnis passte. In seinem persönlichen Archiv in Havanna werden heute die Listen der ersten von ihm in seiner Jugend gelesenen Bücher aufbewahrt. Das Verzeichnis der Titel und Autoren zeigt, wie breit gefächert seine kulturellen Interessen waren. Philosophie, Geschichte, Literatur, Sport, Naturwissenschaften, all das waren die bevorzugten Themen des jungen Ernesto. Auch literarische Werke finden sich in jenem Verzeichnis: Werke wie *Die Göttliche Komödie* oder *Das Verlorene Paradies* von Milton wurden von den Augen des gierigen Lesers verschlungen, der seine Gedanken zu dem, was er gelesen hatte, systematisch aufschrieb. Seine Notizen geben Zeugnis von der unmittelbaren Wirkung, die die Lektüre auf ihn gehabt hatte, und können noch Jahre später durchaus dazu dienen, das jeweilige Buch (und vielleicht auch den Leser) zu beurteilen.

In dem einen oder anderen Fall, so glaube ich, ist das, was seinem Prozess des Lebens und Kommentierens zugrunde liegt, die Liebe. Auch wenn Che es nicht immer ausdrücklich sagt (oder auch nur bemerkt), besteht eine Art Liebesbeziehung zwischen dem Leser, der die Lektüre genießt und als befreienden Moment empfindet, und dem Buch, das ihm Freude und Trauer, Fragen und Antworten und noch mehr Fragen, Ängste und feierliche Momente beschert.

Che hinterließ uns auch visuelle Zeugnisse jener Liebe: Fotos von ihm mit einem Buch in der Hand, im afrikanischen Dschungel, im Büro des Ministeriums, während des Kampfes in Bolivien. Dass es keine Fotos des unersättlichen Lesers in der friedvollen Ruhe seines Hauses in Havanna gibt, liegt bestimmt daran, dass seine Zeit in Kuba voll war von den verschiedensten Aufgaben und unaufschiebbaren Verpflichtungen. Wir wissen, dass es auch eine Ton-Aufnahme von Gedichten verschiedener Autoren gibt, die Che seiner Frau Aleida vorgelesen hatte, Kassetten, die er ihr schenkte, als er zu seinem letzten Kampf aufbrach.

Die Namen seiner Lieblingsdichter können seinen Aufzeichnungen entnommen werden. Wenn das Echo der kraftvollen Verse von Nicolás Guillén jene Familienlesungen beseelte, so künden die schriftlichen Aufzeichnungen von Ches literarischem Geschmack: Zu den kommentierten Autoren gehören die Urväter der lateinamerikanischen Dichtkunst des 20. Jahrhunderts, der Peruaner César Vallejo und der Chilene Pablo Neruda. Vallejo mit seiner journalistischen Arbeit *Russland im Jahre 1931*, Neruda mit seinem opulenten *Canto General*, ein Buch, das der Guerillero während seines Kampfes in Bolivien immer im Rucksack bei sich hatte.

—*VC*

13

Ein unersättlicher Leser
(Literarische Kritiken)

Martí: Wurzeln und Flügel des kubanischen Befreiers, von Vicente Sáenz

Ein kleines Porträt des Befreiers, mit einer Fülle von Zitaten, die einen Eindruck von dem klaren und eleganten Denken des revolutionären Dichters vermitteln.

Man kann nicht sagen, dass es sich um ein Meisterwerk handelt, und das soll es auch nicht sein. Der Autor ist ganz einfach überwältigt von Martís Worten, die ausreichen, seine Vorstellungen zu verdeutlichen. Sáenz beschränkt sich darauf, sie in eine mehr oder weniger chronologische Reihenfolge zu bringen, bis zu Martís Tod.

Wenn das Porträt ein »Aber« verdient, dann wegen des Vergleichs, den der Autor am Ende zu bestimmten mittelmäßigen Politikern unserer Zeit anstellt.

Eine Gleichsetzung Martís mit Rómulo Betancourt und Haya de la Torre ist eine Beleidigung für jenen Mann, der im Bauch des Ungeheuers lebte und seine Eingeweide kannte, auch wenn diese Eingeweide bei weitem nicht so schwarz und stinkend waren, wie sie es jetzt sind. Ohne diese Gegenüberstellung wäre die Broschüre sehr viel besser.

Der unersättliche Leser, in seinem Haus in Havanna, 1964

Mamita Yunai, von Carlos Fallas

Dieses Buch wurde vermeintlich von einem Beamten geschrieben und für den Wettbewerb um den besten lateinamerikanischen Roman 1940 eingereicht. Die Jury aus Costa Rica »erkannte diesen Beitrag nicht als Roman an und schloss ihn vom Wettbewerb aus«. So heißt es am Ende des Buches in einer Art Schlussbemerkung, und vielleicht hatte die Jury vom erzähltechnischen Standpunkt aus Recht, denn es handelt sich nicht um einen richtigen Roman, sondern um ein lebendiges Dokument, geschrieben im dichtesten Dschungel und in der Hitze der »liebenswürdigen Mamita Yunai«, der United Fruit Company, deren Tentakel allen zentralamerikanischen und einigen südamerikanischen Völkern den Saft aussaugen.

Die Erzählung ist klar, nüchtern und einfach geschrieben. Im ersten Teil schildert der Ich-Erzähler seine Erlebnisse als Beamter, der eine Wahl mit all ihren schmutzigen Tricks überwacht; dann, im zweiten Teil, kehrt er nach Limón zurück und trifft unterwegs einen alten Freund. Der erzählt von seinen Erlebnissen als Arbeiter auf der Bananenplantage, von den Ungerechtigkeiten und der Ausbeutung, denen sie von Seiten der Company ausgesetzt sind, bis einer seiner Kollegen einen »Tútile«, einen italienischen Aufseher der »Yunai«, umzubringen versucht und dafür ins Gefängnis wandert.

Der dritte Teil, eine Art Epilog, erzählt in einem Dialog zwischen den beiden Freunden, was in der Zwischenzeit aus ihnen geworden ist, und endet damit, dass sie sich trennen und jeder seines Weges geht: der Autor und Ich-Erzähler in den Kampf um politische Rechte, der Freund zurück auf die Plantagen der »Yunai«.

Die Hauptperson der Erzählung ist ohne Zweifel identisch mit dem Autor, und er tut gut daran, sich nicht mit dem Volk, über das er schreibt, zu verwechseln.

Er sieht und versteht seine Leiden und empfindet Mitleid, doch er identifiziert sich nicht mit ihm. Er ist mehr beobachtender Zeuge denn Handelnder. Er kennt die Orte, die er beschreibt, und man merkt, dass er dort gelebt hat. Die Psychologie der Arbeiter und die Situationen, die er erzählt, sind stimmig, obwohl Letztere manchmal ein wenig an den Haaren herbeigezogen scheinen.

Wie immer in solchen Erzählungen sind die Charaktere psychologisch wenig komplex, vor allem die Bösen, die Gringos, wirken holzschnittartig.

Wenn seine Anschuldigungen zu Effekthascherei verkommen, verfällt er in die Gemeinplätze lateinamerikanischer Sozialdramen; aber vor allem ist das Buch ein bemerkenswertes und lebendiges Dokument der Ungeheuerlichkeiten der United Fruit Company, der »Behörden« und des elenden Lebens der Plantagen- und Eisenbahnarbeiter, denen das Buch gewidmet ist.

Im Kongo, 1965

Russland im Jahre 1931, von César Vallejo

Der große peruanische Dichter nähert sich hier dem Russland der Aufbauphase, in einem der umstrittensten Momente seiner Geschichte, dem Jahre 1931, als der erste Fünfjahresplan auf dem Weg war.

Vallejo geht das Problem im Ganzen an und scheut nicht davor zurück, Armut, Mangel und Widersprüche aufzuzeigen, und all das ist, zusammen mit den darauf folgenden Jahren, für die Erzählung von größter Wichtigkeit.

Er sieht sich als Sympathisant ohne jede Parteibindung, aber aus seiner hervorragenden marxistischen Analyse geht klar hervor, dass er ein Bourgeois ist, der zum Kommunismus gefunden hat. Lässt man einmal die lateinamerikanische Gewohnheit, auch noch im Badezimmer Dichter sein zu wollen, außer Acht, so ist Vallejo ein präziser Chronist, der die Realität Russlands wie mit der Fotolinse abbildet.

In einigen Passagen hat man das Gefühl, dass die Unparteilichkeit des Chronisten von der Begeisterung des politischen Aktivisten erstickt wurde, so zum Beispiel, wenn er das Schachspiel zu den zu Recht vom Sowjet verbotenen Gesellschaftsspielen zählt, wo doch die Russen heute die unbestrittenen Meister darin sind. Doch man muss auch bedenken, dass sich die Lebensumstände in der sowjetischen Gesellschaft grundsätzlich verändert haben und ihr größter Stolz eben diese Veränderung ist. Deswegen ist es nicht verwunderlich, dass Schach während der fieberhaften Produktion im Jahre 1931 als ein schädlicher Luxus betrachtet wurde.

Kurz gesagt, dieses Buch verfestigt den Glauben bei dem, der ihn hat; welchen Eindruck es allerdings auf jemanden macht, der ihn nicht hat, weiß ich nicht.

PabloNerudas CantoGeneral

(DerGrosseGesang)

Wenn die Zeit ein wenig über die politischen Ereignisse hinweggegangen sein und dem Volk den unausweichlichen, endgültigen Sieg gebracht haben wird, wird Nerudas *Canto General* als die größte sinfonische Dichtung Amerikas anerkannt werden.

Dieses Werk stellt einen Meilenstein oder möglicherweise einen Gipfel der Dichtkunst dar. Alles darin, auch die wenigen mittelmäßigen Verse am Ende, atmet seine außergewöhnliche Bedeutung. Der Dichter kristallisiert die Kehrtwendung, die er machte, als er aufhörte, mit sich selbst zu sprechen, und herabstieg (oder heraufkam), um mit uns zu sprechen, den gewöhnlichen Sterblichen, der Masse des Volkes.

Es ist die universale Hymne Amerikas, die alles nachzeichnet, angefangen von den geographischen Giganten bis hin zu den schändlichen kleinen Schoßhündchen von Mr. Monopoly.

Das erste Kapitel ist überschrieben »Die Leuchte auf Erden«, und man hört darin unter anderem, wie er den unermesslichen Amazonas begrüßt:

> Amazonas,
> du, unter den Silben des Wassers bedeutendste,
> Erzvater …

Eine passende Metapher verbindet sich mit dem genauen Rhythmus in Nerudas Bild, vermittelt uns die Atmosphäre, enthüllt uns die heftige Wirkung auf ihn, die ihn nicht länger als scharf beobachtender Wanderer, sondern als Mensch singen lässt. Genau dieses erste Kapitel seiner Beschreibung, die wir als präkolumbisch bezeichnen könnten, endet mit »Die Menschen«, unseren entfernten Vorfahren:

> Wie ein Gefäß des Erdenstoffes
> Das erzene Geschlecht war, der Mensch,
> aus Stein erschaffen und Atmosphäre,
> klangvoll und wie die Krüge makellos.

Dann findet der Dichter die Synthese dessen, was dieses Lateinamerika war, sein wichtigstes Symbol, und er besingt die »Die Gipfel des Machu Picchu«. Der Machu Picchu ist das Werk eingeborener Baukunst, das uns am meisten anspricht, mit seiner eleganten Schlichtheit, seiner angegrauten Melancholie, der wunderbaren Landschaft, die ihn umgibt, und mit dem Urubamba, der zu seinen Füßen tost. Diese Synthese des Machu Picchu drängt sich in nur drei Zeilen zusammen, eine Beschreibung fast im Stile Goethes:

> Mutter des Steins, Schaumkrone der Condore.
> Der Menschendämmerung hohes Riff.
> Schaufel, im ersten Sand verloren.

Er gibt sich nicht mit der bloßen Beschreibung und dem Erzählen seiner Geschichte zufrieden, also zaubert er, in einer Sequenz poetischen Wahnsinns, all seine verwirrenden und manchmal hermetischen Metaphern für diese symbolische Stadt hervor, so als riefe er um Hilfe:

> Gebt mir die Stille, das Wasser, die Hoffnung.
> Gebt mir den Kampf, das Eisen, die Vulkane.

Canto General

Pablo Neruda

Cuando el tiempo haya tamizado en poco los ardores políticos y al mismo tiempo — ineluctablemente — haya dado al pueblo su triunfo definitivo, surgirá este libro de Neruda como el más vasto poema sinfónico del América.

Es poesía que muestra un hito y quizá una cumbre. Todo en ella, hasta los pocos (e inferiores) versos personales del final, respiran trascendencia. El poeta cristaliza esa media vuelta que dió, cuando abandonara su diálogo con sigo mismo y acudiera (o volviera) a dialogar con nosotros, los simples mortales, los integrantes del pueblo.

Es un canto general de América que da un repaso a todo lo nuestro desde los gigantes geográficos hasta los phes bodeguelas del reino monopolio.

El primer capítulo se llama "La lámpara en la tierra" y entre otros enumera su saludo para el gigantesco Amazonas:

Amazonas
Capital de las sílabas del agua,
Padre Latriarca

Was geschah? Wir alle wissen, wie die Geschichte weiterging. »Die Konquistadoren« erscheinen am Horizont:

> Die Menschenschlächter verheerten die Inseln.
> Guahananí war die erste
> in der Geschichte der Todesmartern.

Dann kommen Cortés, Alvarado, Balboa, Jiménez de Quesada, Pizarro und Valdivia. Alle werden in seinem Lied, das wie Pistolenschüsse explodiert, erbarmungslos niedergemacht. Der Einzige, für den er ein freundliches Wort findet, ist Ercilla, der Sänger des Epos Araucana:

> Ercilla, du Mensch an Klängen reich, ich höre den Pulsschlag
> des Wassers deines ersten Erwachens, eine Vogeltollheit
> und ein Dröhnen im Laub.
> Lass, o lass deine Spur zurück,
> die eines blonden Adlers, werde ein Vollkommener,
> am wilden Mais deine Wange verwundend,
> alles wird vertilgt sein auf Erden.

Doch noch geht die Eroberung weiter und hinterlässt seine Spuren in Amerika, so dass Neruda sagt, »Trotz des Wütens«:

> Aber über Brand und Hufeisen weg,
> wie aus einem vom düstren Blut
> erleuchteten Quell, ergoss sich
> mit dem in Leid versunkenen Metall
> ein Lichtschein über die Erde:
> Zahl und Name, Linie und Struktur
> [...]
> So kam mit dem blutenden
> Titan aus Stein,
> erbitterter Falke,
> nicht das Blutvergießen nur, sondern Korn.
> Das Licht kam trotz der Dolche.

Doch die lange Nacht der Spanier geht zu Ende, und die Nacht der Monopole zeichnet sich drohend ab. Alle Größen Amerikas haben ihren Platz in dieser Hymne, von den frühen Befreiern zu den neuen, den Priestern, die Seite an Seite mit dem Volk kämpfen. Jetzt verstummen die Gewehre, und ein großer Gesang erfüllt den Leser mit Freude und Hoffnung. Insbesondere träumt er von den Heldenepen des Landes, von Lautaro und seinen Guerilla-Kämpfern und von Caupolicán, der aufgespießt wurde. »Lautaro gegen den Zentaur (1554)« vermittelt eine klare Vorstellung davon:

> Erschöpfung und Tod
> Führten ins Blätterdickicht Valdivias Truppe.
>
> Näher kamen die Lanzen Lautaros.
>
> Zwischen Toten und Blättern wie
> In einem unterirdischen Schacht ging Pedro de Valdivia.
>
> In diese Finsternisse gelangte Lautaro.
>
> An Extremadura, das steinübersäte, dachte Valdivia,
> an das goldhelle Öl, die Küche,
> an den Jasmin, zurückgelassen jenseits der Meere.
>
> Er erkannte Lautaros Kriegsgeheul.
> [...]
> Valdivia glaubte den Tag zu sehn, die Morgenröte,
> das Leben vielleicht, das Meer.
>
> > Es war Lautaro.

Auch das geheimnisvolle Treffen von Guayaquil (1822) musste in die Hymne aufgenommen werden, und durch die Verse ihrer politischen Auseinandersetzung weht der Geist der beiden großen Generäle. Doch es gab nicht nur den heroischen und ehrenhaften Kampf dieser beiden Generäle. Es gab auch Verräter, Henker, Kerkermeister und Mörder. »Der verratene Kampfplatz der Erde« beginnt mit »Die Henker«:

Saurier, schuppiges Amerika, zusammengerollt
Beim Werden der Pflanzen, am Stamm,
der im Ursumpf sich erhob:
du säugtest schreckliche Söhne
mit giftiger Schlangenmilch,
rotglühende Nester brüteten
ein Gezücht aus, das voller Blutgier war,
und bedeckten es mit gelbem Schlamm.
Der Kater und das Skorpionweibchen hurten
Auf urwalddichter Heimaterde.

Und die Rosas, die Francias, die García Morenos tauchen auf und paradieren vorbei, nicht nur Namen, sondern die ganze Gesellschaft, Kasten und Gruppen. Neruda fragt seine Kollegen, die »Himmlischen Dichter«:

Was tatet denn ihr, Gideaner,
ihr Intellektualisten, Rilkeaner,
Verdunkler des Daseins, unwahre existenzialistische
Gaukler, surrealistische
Blüten des Mohns, im Grab nur
entflammte, europäisierende
Modekadaver,
bleiche Maden im Käse
des Kapitalismus [...]

Und wenn er zu den nordamerikanischen Handelsgesellschaften kommt, kündet seine machtvolle Stimme von der Sympathie mit den Opfern und dem Widerwillen und Ekel vor den Kraken und all denen, die Unser Amerika unter sich aufteilen und verschlingen:

Da die Posaune erklang, war
alles geordnet auf Erden,
und Jehova verteilte die Welt
an die Coca-Cola Inc., die Anaconda,
die Ford-Motoren und andere Gesellschaften;
die United Fruit Inc.
reservierte sich das Beste,
die Zentralküste meines Kontinents,
Amerikas lieblichen Gürtel.

Dem Präsidenten González Videla, der ihn ins Exil geschickt hat, ruft Neruda zu:

Erbärmlicher Clown, elende
Kreuzung von Affe und Ratte, deren Schwanz
man in der Wall Street mit Goldpomade glättet.

Doch noch ist nicht alles tot, und sein Ruf erschallt voller Hoffnung:

Amerika, nicht vergeblich rufe ich deinen Namen an.

Er konzentriert sich auf sein eigenes Land mit »Chiles Großer Gesang«, in dem er, nachdem er es beschrieben und besungen hat, seine »Winterode an den Mapocho-Fluss« darbietet:

O ja, undeutlicher Schnee,
o ja, in voller Schneeblüte erzitternd,
Augenlid des Nordens, kleiner gefrorener Blitz,
wer, wer rief dich ins aschene Tal,
wer, wer schleppte dich aus dem Schnabel des Adlers
dort hinab, wo deine klaren Fluten an die schrecklichen
Fetzen rühren meines Heimatlandes?

Ein Blick in die Zukunft. Ñancahuasú, Bolivien, 1967

Dann wendet er sich dem Land in »Die Erde heißt Juan« zu, und durch den Gesang der Arbeiter hindurch hört man das in seinem unverhüllten Pathos herzzerreißende Lied von Margarita Naranjo aus der Salpetergrube »María Elena«:

> Ich bin tot. Bin von der »María Elena«.

Der Dichter schreit seine ganze Wut gegen die Hauptschuldigen, gegen die Monopolgesellschaften heraus und richtet sich mit dem Gedicht »Holzfäller, wach auf!« an einen Yankee-Soldaten:

> Im Westen des Coloradoflusses
> liegt ein Ort, den ich liebe.

Und er warnt:

> Schonungslos wird die Welt mit euch verfahren.
> Nicht nur die Inseln werden öd sein, auch die Luft,
> die schon die Worte kennt, die ihr lieb sind und wert.
> [...]
> Und aus dem Laboratorium, überzogen mit Ackerwinden,
> wird hervorfahren gleichfalls das entfesselte Atom
> euren stolzen Städten entgegen.

González Videla beginnt Neruda zu verfolgen, macht einen Flüchtling aus ihm, und hier, in »Der Flüchtling«, wird die Hymne ein wenig schwächer; es ist so, als hätte die Improvisation an seiner Dichtung genagt. Die erhabene Metapher im Großen Gesang verliert an Höhe und fällt aus seinem ausgeklügelten Rhythmus heraus. Dann folgen »Die Blumen von Punitaqui« und »Die Ströme des Gesangs«, ein Gruß an seine spanischsprachigen Kollegen. In »Neujahrschor für das Vaterland in der Finsternis« befasst er sich mit der chilenischen Regierung, und dann, in »Der große Ozean«, erinnert er sich an Rapa Nui:

> Tepito-Te-Henúa, Nabel des großen Meeres,
> Bilderhauer-Werkstatt der See, erloschenes Diadem.

Das Buch schließt mit dem Kapitel »Ich bin«, in dem er seinen Blick noch einmal auf sich selbst richtet und uns sein Vermächtnis hinterlässt:

> Ich hinterlasse den Gewerkschaften
> von Kupfer, Kohle und Salpeter
> mein Haus am Rande des Meeres auf der Isla Negra.
> Ich möchte, dass dort die erniedrigten Söhne
> meines Heimatlandes Kräfte sammeln, das, von Äxten und Verrätern
> beraubt, zugrunde gerichtet, daliegt in seinem heiligen Blut,
> verzehrt in seinem vulkanischen Lumpengewande.
> [...]
> Ich hinterlasse meine alten Bücher, gesammelt
> in allen Winkeln der Welt, ehrfürchtig geliebt
> in ihrer großartigen Typographie,
> den jungen Dichtern Amerikas,
> ihnen, die eines Tages
> auf schnarrendem Webstuhl, der stillstand, wirken werden
> den Sinn der Welt von morgen.

Zum Schluss ruft er aus:

> Hier endet dieses Buch.
> [...]
> Und dieses Wort wird wieder erstehen,
> vielleicht zu anderer Zeit, der schmerzenlosen,
> ohne die unreinen Fasern, die schwarze
> vegetierende Welten hefteten an meinen Gesang,
> und wieder wird in Flammen stehn auf dem Gipfel

mein glühend sternüberwandertes Herz.
Hiermit endet dieses Buch, hier überreiche ich
meinen Großen Gesang, geschrieben
in der Zeit der Verfolgung, singend unter
den heimlichen Fittichen meines Vaterlandes.
Heute, am 5. Februar, in diesem Jahr
1949, in Chile, in »Godomar
de Chena«, einige Monate vor
meines Lebens fünfundvierzigstem Jahr.

Mit diesem Schluss à la François Villon beendet er das größte Werk der lateinamerikanischen Dichtung. Es ist das Epos unserer Zeit, das mit seinen neugierigen Schwingen alles streift, was gut und schlecht ist in dem großen Land unserer Geburt. Hier gibt es Raum nur für den Kampf. Wie in *Araucana* seines brillanten Vorfahren ist es ein fortwährendes Kämpfen, und seine Zärtlichkeit ist die plumpe Zärtlichkeit des Soldaten, die nicht weniger liebevoll ist, nur weil sie, angefüllt mit all der Kraft der Erde, weniger geschickt ist.

»Goethe … dessen vielseitiges Genie sich im Faust kristallisierte.«,
Sierra Maestra, 1957

Bolivien ist die Fortsetzung der Reise, die der junge Ernesto fast fünfzehn Jahre zuvor unternommen hatte, und sein Ende. Das, was dort geschah, wurde von 1967 bis heute häufig erzählt, mehr oder weniger gelungen, mit guten oder zweifelhaften Absichten, in Worten oder in Bildern.

Im Mittelpunkt steht die Erinnerung an den »*Condottiero* des 20. Jahrhunderts«, den unermüdlichen Reisenden auf der Suche nach Landschaften, mit seiner immer wieder überraschenden Eigenart, an jedem Wendepunkt der Geschichte neu geboren zu werden.

Seine Aufzeichnungen aus Bolivien sind ein unverzichtbarer Teil der Erinnerung. Es ist bewegend und aufschlussreich, die detaillierten Notizen vor sich zu sehen, das Herz jener Geschichte in La Higuera, das Ramón/Fernando/Mongo/Ernesto/Che uns in seinem bolivianischen Kriegstagebuch hinterlassen hat.

Anhand dieser Aufzeichnungen lernt man das Gesicht des Guerilla-Krieges kennen, man sieht die Einzelheiten seines Lebens im Feld vor sich, die aufregende Situation im Hinterhalt, das Drama des unerwarteten Todes.

Che ging in Bolivien den Weg konsequent weiter, den der junge Ernesto auf seiner Reise durch unser »Großes Amerika« gewählt und in der Sierra Maestra fortgesetzt hatte, ein Weg, der bestimmt war durch seine Berufung zum Erbauer einer neuen Gesellschaft.

Auch seiner Berufung als Zeitzeuge blieb er treu, indem er sich selbst und andere akribisch analysierte, um die Welt und ihre Bewohner verbessern zu können. Deswegen sind hier auch die aus den Ängsten und Anspannungen des Krieges geborenen Erinnerungen Ches an zwei seiner Mitstreiter und die Analyse eines der ersten Monate des Guerilla-Lebens auf bolivianischem Boden eingefügt.

»Ein schwarzer Tag für mich« ist wie ein Echo der Aufzeichnungen aus seinem *Unvollendeten Tagebuch*. Das Bild des »tapferen kleinen Hauptmanns« verweist auf die Gedichte, die ihn in Zeiten der Liebe und des Krieges immer begleitet haben. Die Bücher, die er von Versteck zu Versteck im Rucksack mit sich herumtrug, erinnern an seinen Willen, zu lernen und zu verstehen, wie schon aus den Kommentaren zu seiner Lektüre hervorging.

Dies sind die Schlüssel zu der einen Reise, die dieses Buch anhand von Fotos und Manuskripten, Chroniken und Bildern verfolgt hat, um an den Freuden teilhaben zu können, an den traurigen Momenten, die uns berühren, an den Hoffnungen und den Träumen.

—VC

14

»Schutzschild in der Hand, mit all meiner Fantasie«

Meine Ankunft verlief ohne Zwischenfälle...

(Bolivianisches Tagebuch)

30. November: Analyse des Monats

Alles ist gut gegangen: Meine Ankunft verlief ohne Zwischenfälle; die Hälfte der Leute sind ebenfalls problemlos hierher gekommen, auch wenn sie lange gebraucht haben; Ricardos wichtigste Männer sind zu uns gestoßen, allen Widerständen zum Trotz. Auf den ersten Blick deutet alles darauf hin, dass wir uns in dieser abgeschiedenen Region praktisch so lange aufhalten können, wie wir es für nötig halten.

Unser Plan ist: auf den Rest der Leute warten, die Zahl der Bolivianer auf mindestens zwanzig erhöhen und dann mit den Operationen beginnen. Abwarten, wie Monje reagiert und wie sich [Moisés] Guevaras Leute verhalten.

Che als »Ramón Benítez«, mit Fidel Castro, kurz vor seiner Abreise in den Kongo. Havanna, 1965

Weiter unten beleuchtet das warme Licht der Morgensonne die Szene...

(Fragment aus dem Tagebuch von Rolando Eliseo Reyes)

10. Januar 1967

Heute stehe ich Wache an einem schönen Ort, und ich bedaure, dass ich keine Kamera bei mir habe, um ein paar Fotos von diesem Gebiet zu machen. Ich befinde mich auf einem Berg, der genauso pittoresk ist wie die, die ich in Filmen gesehen habe. Rechts von mir fließt ein Fluss über Felsen, wodurch donnernde Wasserfälle entstehen. Jenseits des Flusses beginnt eine steile, mit üppiger Vegetation bedeckte Bergkette, die fast senkrecht vom Flussufer ansteigt. Es gibt eine Anzahl sehr hoher Gipfel, die alle im dichten Nebel liegen, während weiter unten das warme Licht der Morgensonne die Szene beleuchtet. Ich habe meine Lektüre unterbrochen (ich lese gerade *Die Kartause von Parma*) und denke an meine Lieben zu Hause: meine Frau, Eliseíto, Marisela und Renecito. Ich denke an meine Mutter und daran, wie überrascht sie gewesen sein muss, als mein Vater ihr erzählt hat, dass ich mit P. an der Seite von [...] kämpfe.

Dein kleiner Leichnam, tapferer Hauptmann...

(Fragment aus Ches Tagebuch über den Tod von Rolando)

25. April

Ein schwarzer Tag. Gegen zehn Uhr morgens kam Pombo vom Beobachtungsposten zurück und meldete, dass sich dreißig Soldaten dem kleinen Haus näherten. [...]

Kurze Zeit später erschien die Vorhut, die zu unserer Überraschung von drei deutschen Schäferhunden und dem Hirten begleitet wurden. Die Tiere waren unruhig, doch ich glaubte nicht, dass sie uns verraten würden; trotzdem kamen sie näher, und ich schoss auf den ersten Hund, doch der Schuss ging fehl. Als ich auf den Hirten schießen wollte, hatte meine M-2 Ladehemmung. Miguel schoss auf den anderen Hund und tötete ihn, soweit ich es beurteilen konnte. Daraufhin näherte sich niemand mehr unserem Versteck. Auf der feindlichen Flanke begann in unregelmäßigen Abständen das Feuer. Als es gerade unterbrochen wurde, schickte ich Urbano los, den Befehl zum Rückzug zu geben; aber er kam mit der Nachricht zurück, dass Rolando verletzt sei. Kurz darauf wurde er gebracht, er hatte viel Blut verloren und starb, als man damit begann, ihm Plasma zu geben. Eine Kugel hatte seinen Oberschenkelknochen und alle Sehnen und Gefäße durchschlagen. Er verblutete, bevor wir etwas tun konnten. Wir haben den besten Mann des Widerstands verloren. Er war eine seiner Säulen und mein Kamerad, seit er, fast noch ein Kind, als Bote der Kolonne 4 fungiert hatte, bis hin zur Invasion und diesem neuen revolutionären Abenteuer. Über seinen düsteren Tod bleibt auf eine hypothetische Zukunft hin, die uns vielleicht erwartet, nur zu sagen: »Dein kleiner Leichnam, tapferer Hauptmann, hat seine strahlende Hülle ins Unendliche erweitert.«

Beurteilung von Rolando
(Eliseo Reyes)

Rolando 20/11/66

20/2/67 – drei Monate: sehr gut, hat seine
Funktion als politischer Kommissar
nicht ausgeübt, ist aber ein ständiges
Vorbild für die Truppe.

Gefallen am 25/4/67 an vorderster Front.
Eine vorbildliche Haltung und ein
beispielhaftes Verhalten werden ausge-
löscht, eine Säule des Widerstands stürzt
ein. Er verdient posthum eine größere
Anerkennung als die, die ihm im Leben,
in dem sich seine Bescheidenheit
gegen seine Qualitäten verschworen
hat, zuteil geworden ist.

Bolivien, 1967

Ein schwarzer Tag für mich...

(Über den Tod von Tuma (Carlos Coello))

26. Juni 1967

Ein schwarzer Tag für mich. Es sah aus, als würde alles ruhig bleiben. Ich hatte fünf Männer losgeschickt, um die abzulösen, die an der Florida-Straße auf Posten waren. Plötzlich hörte man Schüsse. Wir ritten schnell los und sahen uns einem schaurigen Schauspiel gegenüber: Inmitten absoluter Stille lagen die vier Leichen von Soldaten in der Sonne am Strand. Wir konnten nicht zu ihnen, um ihre Waffen an uns zu nehmen, denn wir wussten nicht, wo der Feind stand. Es war fünf Uhr nachmittags, und wir warteten die Nacht ab, um die Aktion auszuführen. Miguel meldete, dass er zu seiner Linken Zweige knacken höre. Antonio und Pacho gingen hin, aber ich gab Befehl, nicht zu schießen, wenn sie nichts sehen. Kurz darauf wurde geschossen, auf beiden Seiten, und ich gab Befehl zum Rückzug, denn unter diesen Umständen waren wir im Nachteil. Der Rückzug konnte nicht sogleich durchgeführt werden, und wir bekamen die Nachricht, dass es zwei Verletzte gegeben habe: Pombo hatte es am Bein erwischt und Tuma am Bauch. Wir brachten sie eilig zum Haus, um sie mit den vorhandenen Mitteln zu operieren. Pombos Verletzung ist oberflächlich, nur seine Bewegungsunfähigkeit bereitet Kopfschmerzen. Tumas Verletzung war schwerer, seine Leber war zerstört und seine Gedärme waren perforiert; er starb während der Operation. Mit ihm habe ich einen unzertrennlichen Freund der letzten Jahre verloren, der mir seine Treue stets bewiesen hat. Seine Abwesenheit spüre ich wie die eines Sohnes. Vor seinem Tod bat er darum, mir seine Uhr geben zu dürfen, und da man seinem Wunsch während der Behandlung nicht nachkam, nahm er die Uhr selbst ab und übergab sie Arturo, mit dem Wunsch, dass ich sie dem Sohn aushändigen möge, den er nicht kannte, so wie ich es schon mit den Uhren anderer toter Genossen getan hatte. Ich werde Tumas Uhr den ganzen Krieg über tragen. Wir luden die Leiche auf ein Pferd und brachten sie fort von hier.

Beurteilung Tuma

(Carlos Coello)

7/2/67 – drei Monate: perfekt in seiner Rolle als mein Adjutant.

7/5/67 – sechs Monate: gut. Hatte ein fast totales Tief, das er aber über-wunden hat.

Gefallen im Kampf am 26/6/67. Ein großer Verlust für die Guerilla, aber vor allem für mich, der ich den treusten meiner Genossen verloren habe.

Rechts: Beobachtungsposten. Ñancahuasú, Bolivien, 1967

Nicht der liegende Christus, nicht die Anatomiestunde, nicht die letzten chronologisch geordneten Bilder, die in so vielen Büchern und Gedenkbänden bis zum Überdruss gezeigt worden sind – dieses Buch endet hier. Aber in Wahrheit beginnt dieses Buch hier, mit der gegenwärtigen Erinnerung und der zukünftigen Erinnerung.

Zuerst mit seinen Freunden, zuhörend oder lachend.

Dann, bereits für das nächste Abenteuer eingekleidet, kurz vor seiner Reise in »andere Länder der Welt«, auf Fotos, die bisher noch nie in einem Buch gezeigt wurden.

Vielleicht machen sie die Ironie deutlich, die in dem Satz zu seiner ersten Reise liegt: »Dieses ziellose Streifen durch unser ›Großes Amerika‹ hat mich mehr verändert, als ich geglaubt habe.«

Oder auch in jenem anderen Satz von seinen Reisen, mit dem er sich vorübergehend verabschiedet: »Ich lasse euch jetzt mit mir alleine: mit dem, der ich war …«

—VC

15
Bilder der Erinnerung

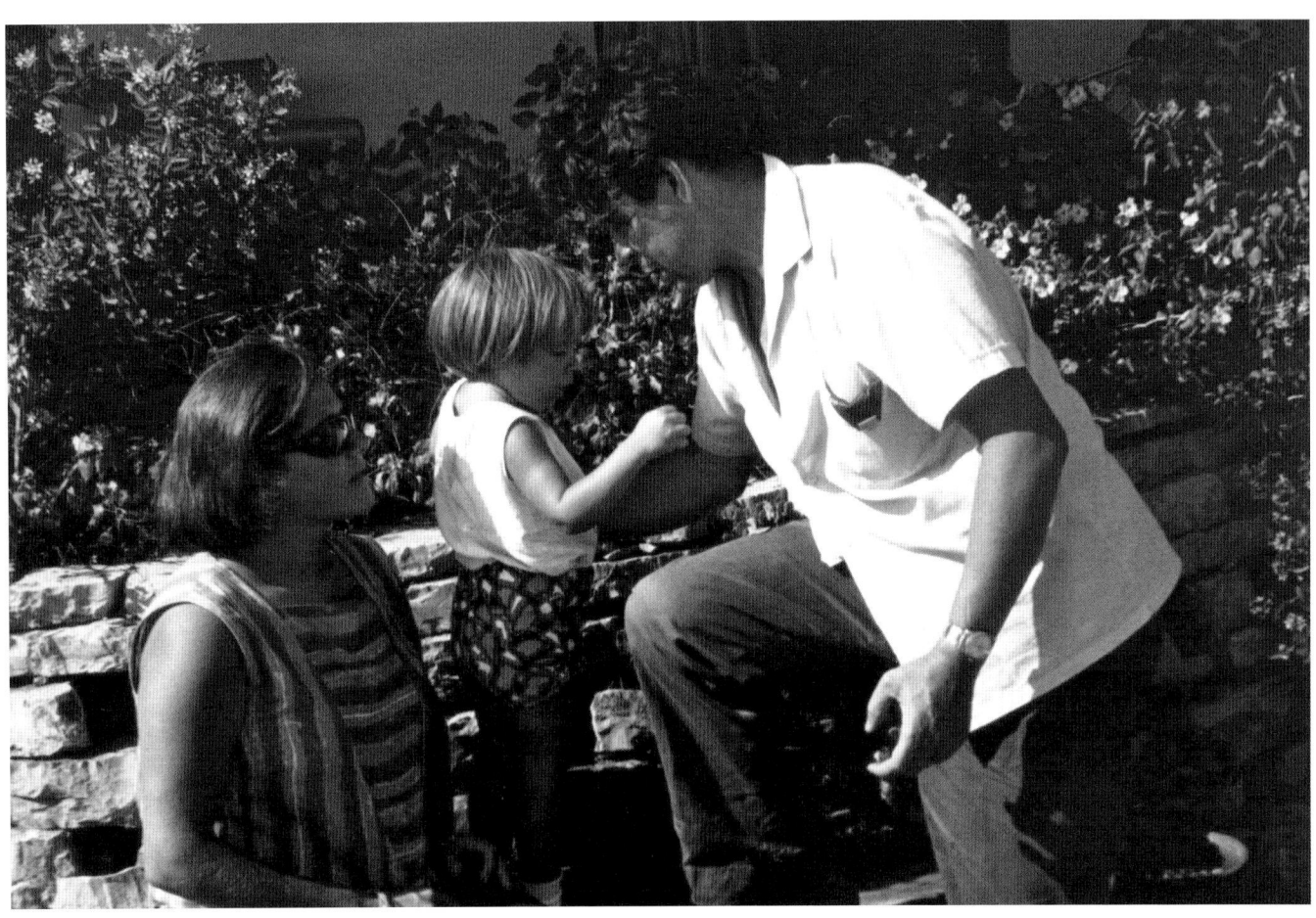

Lehr- und Wanderjahre eines Revolutionärs

KiWi 864. Aus dem Spanischen von Klaus Laabs
€ (D) 8,90 / € (A) 9,20 / sFr 16,50

KiWi 756. Deutsche Erstausgabe
Aus dem Spanischen von Joachim Hartstein
€ (D) 7,90 / € (A) 8,20 / sFr 14,60

KiWi 563. Originalausgabe
Aus dem Spanischen von Joachim Hartstein
€ (D) 12,90 / € (A) 13,30 / sFr 23,70

»Ich lebe in jenem anarchistischen
Geist, der mich von neuen Horizonten
träumen lässt.«
Che Guevara

www.kiwi-koeln.de

Kiepenheuer
& Witsch